SALVETE!

A First Course in Latin
BOOK TWO

SALVETE!

A FIRST COURSE IN LATIN
BOOK TWO

Stan Farrow

David and Mary Thomson Collegiate Institute,

Scarborough, Ontario, Canada

and Ed Phinney

University of Massachusetts at Amherst, U.S.A.

CAMBRIDGE
UNIVERSITY PRESS

PUBLISHED BY THE PRESS SYNDICATE OF THE UNIVERSITY OF CAMBRIDGE
The Pitt Building, Trumpington Street, Cambridge, United Kingdom

CAMBRIDGE UNIVERSITY PRESS
The Edinburgh Building, Cambridge CB2 2RU, UK
40 West 20th Street, New York, NY 10011-4211, USA
10 Stamford Road, Oakleigh, VIC 3166, Australia
Ruiz de Alarcón 13, 28014 Madrid, Spain
Dock House, The Waterfront, Cape Town 8001, South Africa

http://www.cambridge.org

First published 1995
Reprinted 2001

Printed in the United States of America

Library of Congress cataloging-in-publication Data

Phinney, Ed.
     Salvette! : a first course in Latin/Ed and Mary Catherine Phinney.
        p.   cm.
     Book II by Ed Phinney and Stan Farrow.
     ISBN 0-521-40683-8 (pbk.)
     1. Latin language—Grammar—Problems, exercises, etc.
  I. Phinney, Mary Catherine. II. Farrow, Stan.   III. Title.
  PA2087.5.P48   1995
  478.2'421—dc20   94-38048
                                                      CIP

ISBN 0 521 40684 6

Drawings by Rodney Sutton
Maps by Chris Etheridge
Picture research by Callie Kendall

Acknowledgements
Thanks are due to the following for permission to reproduce photographs:
18, Ged Moxon/Life File; 24, Graham Toms/Cephas Picture Library; 25,
Stuart Boreham/Cephas Picture Library; 29, Ian Richards/Life File; 53, 55,
Ronald Sheridan/Ancient Art & Architecture Collection; 56, H.L. Pierce
Fund, Courtesy, Museum of Fine Arts, Boston; 58*t*, Emma Lee/Life File;
58b, courtesy of Museo de Arte Romano, Mérida

Contents

CHAPTER VII | mātrimōnium

It was A.D. 10 in ancient Rome. In the house of the merchant Rubrius, preparations were under way for the wedding between his son Lucius and his foster daughter Lucilia. Lucius was 16 years old, and Lucilia 13.

Earlier in the year, Lucius officially came of age. At a family ceremony, he laid his boyhood **bulla** and purple-bordered **toga praetexta** on the shrine of the household gods, or **larēs**. Afterwards, Lucius was considered a man. He wore a plainer man's toga, or **toga virīlis**, and was considered old enough to marry. Later that same year, Lucius spent time helping his father, as a kind of apprentice. It was an adventurous time for Lucius: he was to marry Lucilia, and his father Rubrius had been appointed finance officer for the province of Lugdunensian Gaul by Emperor Augustus. Rubrius would move to Lugdunum (modern Lyon, France) with his family.

Before the journey, the time also arrived for Lucilia to come of age and be married, even though she was younger than Lucius.

35 Model Sentences

hodiē Lūcīlia est nūpta. heri erat puella.
hodiē Lūcīlia lānam spectat. heri pūpam spectābat.
hodiē Lūcīlia tunicam rēctam gerit. heri togam praetextam gerēbat.
hodiē Rubrius amīcum salūtat. heri haruspicem vīsitāvit anxius.
hodiē Iūnia alumnam ōrnat. heri suāviter cantāvit.
hodiē servī cubiculum parant. heri triclīnium parāvērunt.
hodiē Lūcīlia flōrem habet. heri bullam habuit.
hodiē Iūnia flammeum īnspicit. heri triclīnium īnspexit.
hodiē servī plaudunt. heri Gāius et Cernunnus plausērunt.

MEANINGS

mātrimōnium	*marriage (ceremony)*
hodiē	*today*
est	*is*
nūpta	*bride*
heri	*yesterday*
erat	*was*
lānam: lāna	*wool*
pūpam: pūpa	*a doll*
tunicam rēctam: tunica rēcta	*a long tunic (woven in one piece)*
togam praetextam: toga praetexta	*a toga with purple border*
gerit: gerō	*wears*

amīcum: amīcus	*his friend*
salūtat: salūtō	*greets*
haruspicem: haruspex	*a soothsayer, haruspex (who read the future from the innards of sacrificed animals)*
anxius	*anxiously*
alumnam: alumna	*foster daughter*
ōrnat: ōrnō	*fits out, dresses*
suāviter	*sweetly*
cantāvit: cantō	*sang*
cubiculum	*the bedroom*
parant: parō	*prepare, get ready*
triclīnium	*the dining room*
flōrem: flōs	*a flower*
bullam: bulla	*a protective charm, bulla*
flammeum	*a bridal veil*
īnspicit: īnspiciō	*inspects, examines*
plaudunt: plaudō	*applaud*

On the day before her wedding, Lucilia stood before the shrine of the **larēs** in her foster father's atrium. She dedicated her girlhood **bulla**, her **toga praetexta**, and also her favorite doll, or **pūpa**, something that Lucius had not dedicated in his equivalent ceremony.

Lucilia and her foster mother Iunia honored the **larēs** with the sacrificial offering of incense and wine. This sacrifice was the main ceremony to mark her coming of age. Rubrius then brought news from the soothsayer, or **haruspex**. The soothsayer had sacrificed a sheep and examined its innards to see if the day chosen for the wedding would be lucky. According to the favorable pattern and color of the innards, the soothsayer predicted a happy day for the wedding.

36 nox

Lūcīlia et Iūnia ante larārium stābant. Lūcīlia bullam et togam praetextam tenēbat. pūpam pulchram quoque habēbat. postquam

precem brevem dīxit, bullam et togam et pūpam ad larēs dedit, et
in larārium posuit.

"tū es puella fēlīcissima," inquit Iūnia. "bulla tua et toga et pūpa   5
larēs dēlectant. larēs mātrimōnium laetum prōmittunt."

tum Rubrius ātrium intrāvit.

"haruspex mātrimōnium laetum quoque prōmittit," inquit pater.
"ego haruspicem semper vīsitō. hodiē māne haruspex sacrificium
fēcit, et ōmen bonum nūntiāvit. puella es fēlīcissima."   10

Rubrius ex ātriō discessit. Iūnia Lūcīliam ad cubiculum dūxit.
ibi suāviter cantāvit. mox Lūcīlia tranquillē dormiēbat.

MEANINGS

nox	*night(time)*
ante larārium	*in front of the shrine of the Lares (the household gods)*
bullam: bulla	*her protective charm, bulla*
togam praetextam: toga praetexta	*her toga with purple border*
pūpam: pūpa	*her doll*
pulchram: pulchra	*beautiful, pretty*
quoque	*also*
postquam	*after (conjunction)*
precem: prex	*a prayer*
brevem: brevis	*brief, short*
larēs: larēs	*the Lares*
dedit: dō	*gave*
in larārium	*on the shrine of the Lares*
tū	*you (singular)*
es: sum	*you (singular) are*
fēlīcissima	*very lucky, very happy*
inquit	*says*
tua	*your*
dēlectant: dēlectō	*delight*
haruspex	*the soothsayer, haruspex*
mātrimōnium	*a marriage (ceremony)*
prōmittit: prōmittō	*promises*
tum	*then*
ātrium	*the reception room, atrium*
semper	*always*
māne	*early (in the morning)*
sacrificium	*a sacrifice*
fēcit: faciō	*made*
ōmen	*a prediction, omen*

bonum	*good*
nūntiāvit: nūntiō	*announced*
ex ātriō	*out of the atrium*
discessit: discēdō	*went away*
cubiculum	*her bedroom*
ibi	*there*
suāviter	*sweetly*
cantāvit: cantō	*sang*
mox	*soon*
tranquillē	*quietly*

The next day, Iunia helped Lucilia get dressed for her wedding.
Lucilia's wedding tunic was **rēcta,** or straight and plain, and had been
woven from a single piece of cloth. Her belt was simply made of wool
yarn, and was tied with a special knot called the **nōdus Herculāneus,**
after the hero Hercules. Like Hercules, the knot was strong, and could
be untied only by the girl's husband after they were married.

37 māne

Lūcīlia, postquam ancillae eam lāvērunt, tunicam rēctam induit.
Iūnia deinde lānam cēpit et nōdum Herculāneum nexit.

    canis Herculēs in cubiculum subitō cucurrit. canis, postquam
lānam vīdit, saluit. lānam cēpit et circum cubiculum currēbat.

    "pestis!" clāmāvit Iūnia. "ego nōdum Herculāneum cupiō, nōn   5
canem Herculem!"

    ancillae canem ē cubiculō trāxērunt.

    Iūnia nōdum Herculāneum iterum nexit. ancillae hastam cēpērunt
et sex crīnēs fēcērunt. alia ancilla flammeum tulit. Iūnia flammeum
īnspexit. deinde flammeum super tunicam posuit.   10

    "tū es nūpta pulcherrima," inquit Iūnia. ancillae plausērunt.

MEANINGS

māne	*early (in the morning)*
postquam	*after (conjunction)*
eam: ea	*her*
lāvērunt: lavō	*washed, bathed*
tunicam rēctam: tunica rēcta	*a long tunic (woven in one piece)*
induit: induō	*put on*
deinde	*then, next*
cēpit: capiō	*took*

nōdum Herculāneum: nōdus Herculāneus	*a knot of Hercules*
nexit: nectō	*tied*
canis	*the dog*
saluit: saliō	*jumped*
in cubiculum	*into the bedroom*
cucurrit: currō	*ran*
circum cubiculum	*around the room*
currēbat: currō	*kept running*
pestis!: pestis	*you rascal!*
cupiō	*(I) want*
ē cubiculō	*out of the bedroom*
trāxērunt: trahō	*dragged*
hastam: hasta	*a spear*
cēpērunt: capiō	*took*
sex	*six*
crīnēs: crīnēs	*braids*
fēcērunt: faciō	*made*
alia	*another*
flammeum	*the bridal veil*
tulit: ferō	*brought*
īnspexit: īnspiciō	*inspected, examined*
super tunicam	*over her tunic*
posuit: pōnō	*put*
nūpta	*bride*
pulcherrima	*very beautiful*
inquit	*said*
plausērunt: plaudō	*applauded*

ACTIVITIES

1 Translate all the phrases below, including the words in brackets.
Then look at each phrase and choose one of the words in brackets
to make a sensible sentence. Translate the completed sentence.

1 hodiē Lūcīlia flammeum (gerēbat, gerit).
2 heri Lūcīlia pūpam (tenēbat, tenet).
3 heri ancillae Lūcīliam (lavant, lāvērunt).
4 heri Rubrius ex ātriō (discēdit, discessit).
5 hodiē canis Herculēs (erat, est) laetus.
6 heri servī canem Herculem ē triclīniō (trāxērunt, trahunt).
7 heri haruspex sacrificium (īnspicit, īnspexit).
8 hodiē ancillae cibum in mēnsam (posuērunt, pōnunt).

2 On a piece of paper, label two columns (1) *third person singular present tense*, and (2) *third person singular perfect tense*. Then write each of the verb forms below in the appropriate column:

habuit, fert, īnspicit, trahit, pōnit, plausit, dīxit, lavat, cēpit, nexit, cucurrit, lāvit, capit, nectit, posuit, trāxit, īnspexit, habet, currit, plaudit, tulit, dīcit.

Since he was the head of the family, or **pater familiās**, Rubrius acted as priest at the wedding of Lucius, his son, and Lucilia, his foster daughter. (The Romans obviously regarded fathers very highly, to the point of trusting them to be priests.) The wedding ceremony took place in the atrium of Rubrius' house, the room where the household gods, or **larēs**, presided. All the **familia** – which in Rome comprised the entire household, including the slaves – as well as invited guests, shared in the joy of the day. The idols of the **larēs** would have been specially decorated for the day with aromatic garlands of rosemary or myrtle.

38 nūptiae

Lūcīlia ātrium intrāvit, ubi Lūcius eam exspectābat. Iūnia eam ad Lūcium dūxit. Rubrius alumnam et fīlium salutāvit. deinde manum dextram in manum dextram posuit.

Lūcīlia sollemniter tandem dīxit, "ubi tū Gāius es, ibi et ego Gāia sum."   5

"fēlīciter!" clāmāvērunt pater et māter. "fēlīciter!" clāmāvērunt familiārēs. omnēs plausērunt.

ancilla suāviter cantāvit. hospitēs ad triclīnium festīnāvērunt. multum cibum cōnsūmpsērunt et multum vīnum bibērunt. servī mustāceum in triclīnium tandem intulērunt.   10

Rubrius mustāceum gustāvit, et deinde coquum laudāvit. hospitēs mustāceum gustāvērunt.

"euge!" clāmāvērunt omnēs.

Lūcius et Lūcīlia ē triclīniō discessērunt et ad cubiculum pūrum ambulāvērunt. Lūcius uxōrem novam trāns līmen portāvit.   15

"fēlīciter!" clāmāvērunt hospitēs.

MEANINGS

nūptiae	*nuptials, wedding*
ātrium	*the reception room, atrium*
ubi	*where (relative adverb)*
eam: ea	*her*

exspectābat: exspectō	*was waiting for*
alumnam: alumna	*foster daughter*
salūtāvit: salūtō	*greeted*
deinde	*then, next*
manum dextram: manus dextra	*his right hand*
in manum dextram	*on her right hand*
sollemniter	*solemnly*
tandem	*finally*
tū	*you (singular)*
Gāius	*Gaius, "my Jack"*
ibi	*there*
Gāia	*Gaia, "your Jill"*
sum	*am*
fēlīciter!	*good luck!*
familiārēs: familiārēs	*the family-members (and slaves)*
suāviter	*sweetly*
cantāvit: cantō	*sang*
hospitēs: hospēs	*the guests*
triclīnium	*the dining room*
festīnāvērunt: festīnō	*hurried*
cibum: cibus	*food*
cōnsūmpsērunt: cōnsūmō	*consumed, ate*
vīnum	*wine*
mustāceum: mustāceus	*the wedding cake (flavored with must, or fermenting grape juice)*
in triclīnium	*to the dining room*
intulērunt: īnferō	*brought in*
gustāvit: gustō	*tasted*
coquum: coquus	*the cook*
laudāvit: laudō	*praised*
omnēs: omnēs	*everybody*
ē triclīniō	*out of the dining room*
discessērunt: discēdō	*went away*
cubiculum	*a bedroom*
pūrum	*plain*
uxōrem: uxor	*his wife*
novam: nova	*new*
trāns līmen	*across the threshold*

PATTERNS

1 Study the following sentences and their translations:

   1   Lūcīlia ātrium **intrāvit**.
       *Lucilia **entered** the atrium.*

   2   Lūcius in ātriō Lūcīliam **exspectābat**.
       *Lucius **was waiting for** Lucilia in the atrium.*

  1+2 Lūcīlia ātrium **intrāvit**, ubi Lūcius eam **exspectāvit**.
       *Lucilia **entered** the atrium, where Lucius **was waiting for** her.*

   3   Lūcius et Lūcīlia ē triclīniō **discessērunt**.
       *Lucius and Lucilia **went away** out of the dining room.*

   4   hospitēs in triclīniō "fēlīciter!" **clāmābant**.
       *The guests **were shouting**, "Good luck!" in the dining room.*

  3 + 4 Lūcius et Lūcīlia ē triclīniō **discessērunt**, ubi hospitēs "fēlīciter!" **clāmābant**.
       *Lucius and Lucilia **went away** out of the dining room, where the guests **were shouting**, "Good luck!".*

2 Translate the following sentences:

  1 Herculēs in triclīnium cucurrit, ubi hospitēs mustāceum cōnsūmēbant.

  2 ancilla in triclīniō suāviter cantāvit, ubi hospitēs multum vīnum bibēbant.

  3 Lūcius uxōrem novam trāns līmen portāvit, ubi Herculēs sedēbat laetus.

Key Words

1 Do you remember the following words? If not, write the words on a piece of paper and look up their meanings above or in the Complete Word Meanings (pp. 72–9). Write down the meanings as well, and then memorize them.

nouns *(plural)* *subjects*	*adverbs*	*nouns* *(singular)* *direct objects*	*verbs* *(plural)* *perfect tense*
canēs	**heri**	**bullam**	**cantāvērunt**
haruspicēs	**suāviter**	**pūpam**	**cēpērunt**
hospitēs		**togam**	**īnspexērunt**

2 Choose one word from each list above and make a sentence. Be sure to keep the order of the lists. Write the sentence out on a piece of paper. Continue like this until you have written as many *sensible* sentences as you can, and then translate them.

3 In the list of words below, which words describe rooms in a Roman house? (Make sure you know the meaning of all the words.)

cubiculum   flammeum   mātrimōnium   triclīnium

4 Review the meanings of the following Key Words from Chapter VII. Then match as many as you can with words from the list of derivatives which follows:

deinde	ea	fēlīciter!	inquit
lāna	mustāceus	nōdus	plaudō
postquam	sum		

DERIVATIVES

English: lanolin, felicitations, applaud, posterior
French: plausible, laine, féliciter, postérité
Spanish: aplaudir, lana, feliz, posteridad.

CHAPTER VIII ad Galliam

Several days after the wedding of Lucius and Lucilia, Rubrius' household prepared for the journey to **Lugdūnum**. (Lugdunum has survived into modern times as the French city of Lyon.) Rubrius was a successful business man, and he had been appointed by Emperor Augustus to be finance officer (**prōcūrātor**) of the province called Lugdunensian Gaul. The family therefore had to move to **Lugdūnum**, its capital.

39 Model Sentences

servī dīligenter labōrābant. Rubrius servōs laudāvit.
ancillae dīligenter labōrābant. Iūnia ancillās laudāvit.
frātrēs Herculem ā plaustrō trahēbant. Herculēs frātrēs
   lambit.

procellae nautās terrēbant. nautae procellās ēvītāvērunt.
mercātōrēs procul spectābant. procellae mercātōrēs
   vexāvērunt.
amīcī in nāvī lūdēbant. procellae amīcōs dēlectāvērunt.

MEANINGS

Galliam: Gallia	*Gaul (modern France)*		terrēbant: terreō	*frightened*
dīligenter	*diligently*		ēvītāvērunt: ēvītō	*avoided*
labōrābant: labōrō	*were working*		mercātōrēs: mercātor	*merchants*
laudāvit: laudō	*praised*		procul	*far away*
ā plaustrō	*from the wagon*		vexāvērunt: vexō	*vexed, annoyed*
trahēbant: trahō	*were dragging*		amīcī: amīcus	*the friends*
lambit: lambō	*licked*		in nāvī	*on the ship*
procellae: procella	*stormwinds*		lūdēbant: lūdō	*were playing*
nautās: nauta	*the sailors*		dēlectāvērunt: dēlectō	*delighted*

Rubrius traveled to Lugdunum with only the immediate members of his **familia**. He left a large number of his slaves behind in Rome to look after his big house on the Quirinal hill. Rubrius' term as finance officer in Lugdunensian Gaul would end one day, and he would then return to live in Rome – something he would gladly do, because Rome was the most interesting and sophisticated city in the Roman Empire.

Cernunnus' father, Celtillus, was among the slaves left behind. The boy Cernunnus was taken along to Lugdunum to be a playing companion to Rubrius and Iunia's son, Gaius.

40 discessus

servī dīligenter labōrābant. sarcinās ē vīllā portābant et in plaustrum pōnēbant. Rubrius servōs incitābat et laudābat. ancillae dīligenter labōrābant. fēminās vestiēbant. Iūnia et Lūcīlia ancillās laudābant. Gāius, quod Cernunnum per vīllam agitābat, servōs vexābat. servī puerōs vituperābant. tōta familia clāmōrēs magnōs tollēbat.   5

nūtrīx Specla īnfantem Rubriam ad raedam portāvit. Rubria, quod dormiēbat, clāmōrēs nōn audīvit. deinde Rubrius et Iūnia, Lūcius et Lūcīlia, Gāius et Cernunnus ad raedam ambulāvērunt. subitō Cernunnus patrem cōnspexit, et ad eum cucurrit.

"valē!" inquit Celtillus. "tū ad Galliam, patriam nostram, nāvigās.   10
Gallī sunt hominēs fortēs et fidēlēs. tū es fortis et fidēlis? patrem audī! dīligenter labōrā! ego tē amō. revenī ad patrem incolumis! valē!"

Celtillus, quod paene lacrimābat, in vīllam revēnit. Cernunnus, maestus sed ēlātus, ad raedam rediit.

tōta familia ad portum Ōstiēnsem discessit.   15

MEANINGS

discessus	*the departure*
dīligenter	*diligently*
labōrābant: labōrō	*were working*
sarcinās: sarcina	*bundles, baggage*
ē vīllā	*out of the (big) house*
in plaustrum	*in the wagon*

incitābat: incitō	*kept urging on*
laudābat: laudō	*kept praising*
fēminās: fēmina	*the women*
vestiēbant: vestiō	*were dressing*
per vīllam	*through the (big) house*
agitābat: agitō	*was chasing*
vexābat: vexō	*was annoying*
vituperābant: vituperō	*were finding fault with*
tōta	*(the) whole*
familia	*family*
clāmōrēs: clāmor	*shouts*
tollēbat: tollō	*were raising*
raedam: raeda	*the (four-wheeled) carriage*
quod	*because*
cōnspexit: cōnspiciō	*caught sight of*
eum: is	*him*
cucurrit: currō	*ran*
valē!	*goodbye! (singular)*
tū	*you (singular)*
patriam: patria	*homeland*
nostram: nostra	*our*
nāvigās: nāvigō	*(you (singular)) are sailing*
Gallī	*the Gauls*
sunt: sum	*are*
hominēs: homō	*persons, people*
fortēs: fortis	*brave (plural)*
fidēlēs: fidēlis	*loyal (plural)*
tē: tū	*you (singular)*
amō	*(I) love*
revenī!	*come back!*
incolumis	*safe*
paene	*almost*
lacrimābat: lacrimō	*began to cry*
in vīllam	*into the (big) house*
rediit: redeō	*went back*
maestus	*sad*
sed	*but*
ēlātus	*elated, enthusiastic*
portum Ōstiēnsem: portus Ōstiēnsis	*harbor at Ostia*
discessit: discēdō	*went away, departed*

Rubrius and his family sailed on a merchant ship from Ostia. Ostia
was the harbor of Rome located on the right branch of the River

Tiber. As an import-export merchant, Rubrius had often visited Ostia before. The ship's route took the family northwest through the Tyrrhenian Sea. They sailed to the straits between the islands of Corsica and Sardinia, where they stopped at a cliff-bordered harbor now named Bonifacio. From there, they sailed to the coast of the Roman province of Narbonensian Gaul (now Provence, France). They were heading for the harbor of Massilia (modern Marseille), an ancient, pre-Roman city originally colonized by the Greeks.

During the voyage, before they reached Corsica, stormwinds blew up and rocked the ship.

41 ōmen

Lūcius et Lūcīlia in nāvī sedent. nāvis per mare Tyrrhēnum nāvigat.
Lūcius et uxor sermōnem habent.

Lūcius:	nāvigātiō est longa.
Lūcīlia:	ita vērō! nāvigātiō quoque est molesta. caelum spectō.
	undās spectō. nūbēs numerō. undās numerō … . 5
Lūcius:	sed ego adsum! mē molestum putās?
Lūcīlia:	minimē, dēliciae meae! tē valdē amō. nāvigātiōnēs tamen
	nōn amō.
Lūcius:	ego quoque hīc sedeō, et tē spectō. pulcherrima es!
Lūcīlia:	ō Lūcī! dē tē semper cōgitō. et noctū dē tē somniō. 10
Lūcius:	dē mē somniās? somnium nārrā!
Lūcīlia:	somnium meum erat vēnātiō. sed leōnēs et ursae, bēstiae
	ferōcēs, in somniō nōn erant. caprī in somniō meō erant,
	et caprī tē per agrōs agitābant.
Lūcius:	caprī? 15
Lūcīlia:	ita vērō!
Lūcius:	*(perterritus)* num caprī caeruleī?
Lūcīlia:	ita vērō! caprī erant caeruleī. cūr rogās?
Lūcius:	tū ōmen pessimum nārrās! caprī undās magnās significant.
	caprī caeruleī undās maximās significant! nāvis est in 20
	perīculō.

Lūcīlia: ēheu! perterrita sum! procellās timeō. mortem timeō. cūr nāvis ad terram statim nōn advenit? nāvigātiō est nimis longa! ō mē miseram!

Lūcius Lūcīliam tenet. iuvenis et uxor precēs ad deōs dīcunt.   25

MEANINGS

ōmen	*the prediction, omen*
in nāvī	*in a ship*
per mare Tyrrhēnum	*through the Tyrrhenian Sea*
nāvigat: nāvigō	*is sailing*
uxor	*his wife*
sermōnem: sermō	*a conversation*
nāvigātiō	*the sailing, voyage*
longa	*long*
ita vērō!	*yes!*
quoque	*also*
molesta	*upsetting*
caelum	*the sky*
undās: unda	*the waves*
nūbēs: nūbēs	*the clouds*
numerō	*I count*
adsum	*(I) am present*
mē: ego	*me*
molestum: molestus	*upsetting*
putās: putō	*you (singular) think*
minimē	*no!*
dēliciae meae!	*my darling!*
tē: tū	*you (singular)*
valdē	*very much*
amō	*I love*
nāvigātiōnēs: nāvigātiō	*voyages*
tamen	*however*
hīc	*here*
pulcherrima	*very beautiful*
ō Lūcī!	*oh Lucius!*
dē tē	*about you*
semper	*always*
cōgitō	*I think*
noctū	*by night*
somniō	*I dream*
dē mē	*about me*

somnium	*your dream*
nārrā!	*narrate, tell!*
vēnātiō	*a hunt*
leōnēs: leō	*lions*
ursae: ursa	*bears*
bēstiae: bēstia	*beasts*
ferōcēs: ferōx	*fierce (plural)*
in somniō	*in (my) dream*
caprī: caper	*billy-goats*
per agrōs	*through the fields*
agitābant: agitō	*were chasing*
perterritus	*terrified*
num	*surely not? (word indicating question to be answered "No!")*
caeruleī: caeruleus	*dark blue*
cūr?	*why?*
rogās: rogō	*you (singular) ask*
pessimum: pessimus	*very bad*
nārrās: nārrō	*(you) are telling*
significant: significo	*signify, mean*
maximas: maxima	*very big*
in perīculō	*in danger*
ēheu!	*oh dear!*
perterrita	*terrified*
timeō	*I am afraid of*
mortem: mors	*death*
terram: terra	*land*
statim	*at once*
advenit: adveniō	*arrives*
nimis	*excessively*
ō mē miseram!	*oh wretched me!*
precēs: prex	*prayers*

PATTERNS

1 Compare the pairs of sentences below:

1a Lūcīlia **prōcellam** timēbat. *Lucilia feared **the stormwind**.*
1b Lūcīlia **prōcellās** timēbat. *Lucilia feared **the stormwinds**.*

2a Rubrius **puerum** cōnspexit. *Rubrius saw **the boy**.*
2b Rubrius **puerōs** cōnspexit. *Rubrius saw **the boys**.*

3a nauta **clāmōrem** audīvit. *The sailor heard **the shout**.*
3b nauta **clāmōrēs** audīvit. *The sailor heard **the shouts**.*

The Latin forms in bold are examples of words in the *accusative plural* form. In nouns, the ending **-s** often marks the accusative plural form.

2 From the list of accusatives below, write out on a separate piece of paper the forms which are *plural*:

ancillam, frātrēs, nāvigātiōnem, sarcinam, leōnem, nautās, mercātōrēs, caprōs, mercātōrem, servum, servōs, frātrem, nāvigātiōnēs, precēs, nautam, sarcinās, caprum, leōnēs, precem, ancillās.

42 procellae

caelum nunc obscūrum erat. mare quoque obscūrum erat. ventī rapidī vēlum īnflābant. imber gravissimus nāvem pulsābat. undae maximae nāvem paene summersērunt.

nautae clāmābant. virī et fēminae precēs ad deōs dīcēbant. līberī et īnfantēs lacrimābant. omnēs mortem exspectābant.   5

subitō Iūnia ad Rubrium cucurrit.

"ubi est Gāius?" clāmāvit. "fīlium nostrum nōn videō. cecidit Gāius in mare? valdē timeō."

Rubrius, postquam hoc audīvit, per nāvem festīnāvit. undae nāvem pulsābant, sed Rubrius fortiter fīlium quaerēbat. subitō   10 duōs puerōs cōnspexit. Gāius et Cernunnus mālum cōnscendēbant!

"pestēs!" clāmāvit Rubrius. "Iūnia est perterrita. venīte! procellae sunt perīculōsae."

Rubrius puerōs per nāvem trāxit.

MEANINGS

procellae	*stormwinds*
caelum	*the sky*
obscūrum	*dark*
mare	*the sea*
ventī: ventus	*winds*
rapidī: rapidus	*tearing, whirling*
vēlum	*the sail*
īnflābant: īnflō	*were inflating, were puffing out*
imber	*a rain*
gravissimus	*very heavy*
maximae: maxima	*very big*
paene	*almost*
summersērunt: summergō	*sank*
virī: vir	*men*
fēminae: fēmina	*women*
precēs: prex	*prayers*
līberī	*children*
omnēs	*all (of them)*
mortem: mors	*death*
exspectābant: exspectō	*were waiting for*
ubi?	*where?*
nostrum: noster	*our*
cecidit: cadō	*fell*
in mare	*into the sea*
valdē	*very*
timeō	*I am frightened*
hoc	*this (neuter)*
per nāvem	*through the ship*
festīnāvit: festīnō	*hurried*
quaerēbat: quaerō	*kept looking for*
duōs: duo	*two*
cōnspexit: cōnspiciō	*caught sight of*
mālum: mālus	*the mast*
cōnscendēbant: cōnscendō	*were climbing up*
pestēs!: pestis	*you rascals!*
perterrita	*terrified*
venīte!	*come! (plural)*
perīculōsae: perīculōsa	*dangerous*
trāxit: trahō	*dragged*

The ship carrying Rubrius and his family weathered the storm in the Tyrrhenian Sea and entered the Straits of Bonifacio between Corsica and Sardinia. The ship eventually moored in the harbor at Bonifacio. Rubrius recognized Bonifacio as the harbor of the legendary giant cannibals, the Laestrygonians, which Homer described in the *Odyssey*. Homer said the harbor had two sky-high cliffs on either side, with a narrow entrance between them. The giant cannibals sank all but one of Ulysses' ships, by throwing huge stones from the cliffs on each side of the harbor. The giants then speared the surviving sailors like fish, hauled them up out of the water, and crunched them between their jaws.

The scene was the same as Homer's, but perhaps this time the cannibals were missing.

43 Corsica

nautae per nūbēs spectābant. subitō ūnus clāmāvit, "terram videō!" ante nāvem erat portus magnus, ubi multae nāvēs stābant. nautae, postquam hunc portum vīdērunt, laetē exclāmāvērunt.

Rubrius, quod clāmōrēs audīvit, puerōs ad nautās dūxit. postquam portum vīdit, clāmāvit,   5

"hunc portum agnōscō. īnsula est Corsica. haec īnsula valdē est

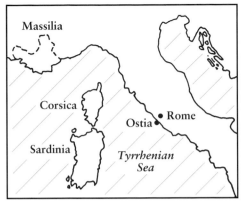

antīqua. Ulixēs, nauta Graecus et antīquus, multās nāvēs hīc āmīsit, quod Laestrȳgonēs eās summersērunt."

"cūr Laestrȳgonēs hoc fēcērunt?" rogāvit Gāius.

"quī hominēs erant Laestrȳgonēs?" rogāvit Cernunnus. 10

"Laestrȳgonēs erant gigantēs ingentēs," respondit Rubrius. "virōs cōnsūmēbant, quod anthrōpophagī erant."

"anthrōpo-po …?" rogāvit Gāius.

"anthrōpophagī," iterāvit Rubrius. "Ulixēs et amīcī ad hunc portum vēnērunt, ubi habitābant Laestrȳgonēs. Laestrȳgonēs 15
multōs nautās cēpērunt et cōnsūmpsērunt. cēterī nautae ad nāvēs fūgērunt incolumēs. Laestrȳgonēs deinde rūpēs convellērunt et nāvēs paene omnēs summersērunt. Ulixēs cum nāvī suā effūgit sōlus."

"Laestrȳgonēs hanc īnsulam nunc habitant?" rogāvit Cernunnus.

"nōn habitant," respondit Rubrius. 20

"ēheu!" exclāmāvērunt puerī.

MEANINGS

Corsica	*Corsica*
nautae: nauta	*the sailors*
per nūbēs	*through the clouds*
ūnus	*one*
terram: terra	*land*
ante nāvem	*in front of the ship*
portus	*a harbor*
ubi	*where (relative adverb)*
multae: multa	*many*
hunc: hic	*this*
portum: portus	*harbor*
laetē	*happily*
exclāmāvērunt: exclāmō	*shouted*
clāmōrēs: clāmor	*shouts*
agnōscō	*I recognize*
īnsula	*island*
haec	*this*
valdē	*very*
antīqua	*ancient*
Ulixēs	*Ulysses*
Graecus	*Greek*
antīquus	*ancient*
multās: multa	*many*
hīc	*here*
āmīsit: āmittō	*lost*

Laestrȳgones	*the Laestrygonians*
eās: ea	*them*
summersērunt: summergō	*sank*
cūr?	*why?*
hoc	*this (neuter)*
fēcērunt: faciō	*did*
rogāvit: rogō	*asked*
quī hominēs?	*what people?*
gigantēs: gigas	*giants*
ingentēs: ingēns	*huge*
virōs: vir	*the men (of Ulysses)*
cōnsūmēbant: cōnsūmō	*would devour*
anthrōpophagī	*cannibals*
iterāvit: iterō	*repeated*
habitābant: habitō	*lived*
cōnsūmpsērunt: cōnsūmō	*devoured*
cēterī	*the rest of*
fūgērunt: fugiō	*fled*
incolumēs: incolumis	*safe(ly)*
rūpēs: rūpēs	*cliffs*
convellērunt: convellō	*tore up*
summersērunt: summergō	*sank*
cum nāvī suā	*with his (own) ship*
effūgit: effugiō	*escaped*
sōlus	*alone*
hanc: haec	*this*
habitant: habitō	*live*
ēheu!	*oh dear!*

ACTIVITY

Translate all the phrases below, including the words in brackets. Then
look at each phrase and choose one of the words in brackets to make
a sensible sentence. Translate the completed sentence.

1 frātrēs Herculem ā plaustrō (trahēbant, trāxērunt); subitō Herculēs
  (lātrābat, lātrāvit).
2 frātrēs servōs (vexāvērunt, vexābant); subitō servī (clāmābant,
  clāmāvērunt).
3 frātrēs Herculem (agitābant, agitāvērunt); subitō Celtillum
  (cōnspiciēbant, cōnspexērunt).
4 Celtillus valdē (lacrimāvit, lacrimābat); subitō "valēte, puerī!"
  (dīcēbat, dīxit).

Key Words

1

nouns (plural) subjects	*adjectives (plural)*	*adverbs*	*nouns (plural) direct objects*	*verbs (plural) perfect tense*
amīcī	caeruleī	dīligenter	clāmōrēs	amāvērunt
caprī	omnēs	paene	nāvigātiōnēs	cōnsūmpsērunt
nautae		valdē	precēs	fēcērunt
			raedās	laudāvērunt
			uxōrēs	trāxērunt
			undās	rogāvērunt

2 Review the meanings of the following Key Words in Chapter VIII. Then match as many as you can with words from the list of derivatives which follows:

cūr?	discēdō	habitō	hic, or "this"
īnsula	labōrō	ōmen	perterrita
portus	procella	quod, or "because"	
quoque	reveniō	ubi, or "where"	

DERIVATIVES

English: insulated, laborer, habitation, ominous, port
French: aéroport, revenir, insulaire, habiter
Spanish: isla, puerto, habitación, ominoso.

CHAPTER IX

ad colōniam Lugdūnum

From Corsica, the ship carrying Rubrius and his family sailed without further incident to the harbor of Massilia (modern Marseille, France). After spending some time there with Rubrius' Greek merchant friend, Phlegon, the family would travel by carriage to the Roman colony of **Arausiō** (modern Orange, France). The final stage of their journey would be on a **linter,** or river barge, for a night journey up the **Rhodanus** (modern Rhône) river to **Lugdūnum** (Lyon, France).

44 Model Sentences

nāvis ad urbem Massiliam vēnit. Rubrius fīliō portum ostendit.
Iūnia Rubriam tenēbat. Rubrius Iūniae portum ostendit.
Rubria vāgīvit. Iūnia nūtrīcī īnfantem trādidit.
Rubria vāgīvit. Specla īnfantī bullam tenuit.
Lūcīlia piscēs īnspexit. Lūcius Lūcīliae piscēs ēmit.
coquus piscēs parāvit. coquus Lūciō et Lūcīliae piscēs frīxit.
puerī pilam cupiēbant. Rubrius puerīs pilam ēmit.
puerī pilam āmīsērunt. nautae puerīs pilam invēnērunt.
puerī laetī erant. puerī nautīs grātiās ēgērunt.

MEANINGS

colōniam: colōnia	*the settlement (of)*
Lugdūnum	*Lugdunum*
urbem: urbs	*the city (of)*
Massiliam: Massilia	*Massilia*
vēnit: veniō	*came*
ostendit: ostendō	*showed*
vāgīvit: vāgiō	*cried*
trādidit: trādō	*handed over*
piscēs: piscis	*fish (plural)*
ēmit: emō	*bought*
coquus	*the cook*
parāvit: parō	*prepared*
frīxit: frīgō	*fried*
pilam: pila	*a (playing) ball*
cupiēbant: cupiō	*wanted*
āmīsērunt: āmittō	*lost*
invēnērunt: inveniō	*found*
grātiās ēgērunt: grātiās agō	*gave thanks, thanked*

In Massilia, Rubrius' host Phlegon proudly took his guests on a tour of the ancient harbor. Massilia was founded by Greek colonists in about 600 B.C., over five hundred years before Caesar captured the city for the Romans in 49 B.C. Today, the harbor, which was once one of the finest in the western Mediterranean, is called the Old Harbor (Vieux Port) of Marseille.

At the harbor, an enterprising fisherman introduced Rubrius to salted dried fish. Rubrius instantly saw how useful this fish could be, since he owned a fleet of merchant ships in the Mediterranean and was responsible for feeding the sailors. There were no refrigerators in Roman times, so the Romans found other ways of preserving food for long periods of time. First, the fish were salted to stop them becoming rotten and were stored in barrels. Then they were removed, spread out on strips of wood and left to dry in the sun.

Before the fish could be cooked, they had to be soaked in water for several hours to try to remove as much of the salty taste as possible.

45   piscēs salsī

Rubrius, postquam ad urbem Massiliam vēnit, mercātōrem quaesīvit. hic mercātor Publius Phlegōn erat. Phlegōn, simulāc amīcum salūtāvit, tōtam familiam ad vīllam suam invītāvit.

postrīdiē Phlegōn Rubrium et Lūcium ad mare dūxit et amīcīs portum ostendit. Rubrius piscātōrem cōnspexit. hic piscātor piscēs salsōs vēndēbat. hī piscēs erant in saccīs magnīs. piscātor Rubriō piscem salsum offerēbat.

"hī piscēs sunt ūtilissimī," explicāvit piscātor. "hī piscēs nōn pūtēscunt."

"ēia vērō!" clāmāvit Rubrius. "nautae meī nāvigātiōnēs longās saepe faciunt. hī piscēs sunt nautīs ūtilissimī."

Rubrius igitur piscātōrī pecūniam dedit. piscātor servīs duōs saccōs trādidit. servī hōs saccōs ad nāvem portāvērunt.

Rubrius tamen paucōs piscēs salsōs ad vīllam tulit. Phlegōn coquō eōs dedit. coquus dominō et amīcīs piscēs salsōs coxit. Rubrius, postquam piscēs gustāvit, tacēbat. Phlegōn et Lūcius, postquam piscēs gustāvērunt, quoque tacēbant. Gāius et Cernunnus tamen nōn tacēbant.

"vah!" exclāmāvērunt puerī.

postrīdiē coquus familiae piscēs aliōs parāvit.

MEANINGS

piscēs salsī: piscis salsus	*salted (dried) fish*
urbem: urbs	*the city (of)*
quaesīvit: quaerō	*looked for*
hic	*this*
Publius Phlegōn	*Publius Phlegon, a Greek merchant living in Massilia*
simulāc	*as soon as*
salūtāvit: salūtō	*greeted*
tōtam: tōta	*(the) whole*
suam: sua	*his (own)*
invītāvit: invītō	*invited*
postrīdiē	*on the next day*
mare	*the sea*

ostendit: ostendō	*showed*
piscātōrem: piscātor	*a fisherman*
cōnspexit: cōnspiciō	*caught sight of*
hic	*this*
salsōs: salsus	*salted*
vēndēbat: vēndō	*was selling*
hī: hic	*these*
in saccīs magnīs	*in big sacks*
salsum: salsus	*salted*
offerēbat: offerō	*kept offering*
ūtilissimī: ūtilissimus	*very useful*
explicāvit: explicō	*explained*
pūtēscunt: pūtēscō	*get rotten*
ēia vērō!	*oh yes! no doubt!*
meī: meus	*my*
longās: longa	*long*
saepe	*often*
faciunt: faciō	*make*
igitur	*therefore*
pecūniam: pecūnia	*money*
dedit: dō	*gave*
duōs: duo	*two*
saccōs: saccus	*sacks*
trādidit: trādō	*handed over*
hōs: hic	*these*
paucōs: paucī	*a few*
tulit: ferō	*brought*
eōs: is	*them*
coxit: coquō	*cooked*
gustāvit: gustō	*tasted*
vah!	*ugh!*
exclāmāvērunt: exclāmō	*shouted*
aliōs: alius	*other*

PATTERNS

1 Study the following sentences:

piscātor **nautae** piscēs salsōs trādidit.
*The fisherman handed over the salted fish **to the sailor**.*

nauta **coquō** piscēs salsōs trādidit.
*The sailor handed over the salted fish **to the cook**.*

coquus **Rubriō** et **mercātōrī Phlegontī** piscēs salsōs coxit.
*The cook cooked the salted fish **for Rubrius** and **for the merchant Phlegon**.*

Phlegōn **nautīs** cibum ēmit; Phaëtōn **amīcīs** trochōs ēmit.
*Phlegon bought food **for the sailors**; Phaëton bought hoops **for his friends**.*

Phlegōn **piscātōribus** pecūniam dedit; Phaëtōn **hospitibus** trochōs trādidit.
*Phlegon gave money **to the fishermen**; Phaëton handed over the hoops **to his guests**.*

The Latin words in bold type are examples of the *dative case*. The dative case is usually translated in English with the prepositions *to* or *for*.

2 Identify the dative form(s) in each sentence, and then translate the whole sentence.

1 Phlegōn fīliō Phaëtontī pecūniam dedit.
2 coquus hospitibus piscēs coxit.
3 Iūnia Rubriō tunicam Graecam ēmit.
4 ancilla puerīs cēnam parāvit.
5 Phaëtōn mendīcō pecūniam nōn dedit.
6 Iūnia nūtrīcī Speclae īnfantem trādidit.

3 Study the following models, and then identify and translate the dative forms in the list that follows:

	sailor	*slave*	*guest*
SINGULAR			
nominative	naut*a*	serv*us*	hospes
dative	naut*ae*	serv*ō*	hospit*ī*
accusative	naut*am*	serv*um*	hospit*em*
PLURAL			
nominative	naut*ae*	serv*ī*	hospit*ēs*
dative	naut*īs*	serv*īs*	hospit*ibus*
accusative	naut*ās*	serv*ōs*	hospit*ēs*

4 On a separate sheet of paper, write the words in the following list which are dative forms and translate them:

īnfantī, puerum, nautās, piscēs, piscātor, piscibus, nāvigātiōnem, clāmor, mendīcō, familiīs, puerō, nāvigātiōnēs, piscem, nautam, piscātōribus, puer, clāmōrem, mendīcus, īnfantibus, puerīs, mendīcīs, mendīcōs, piscātōrēs.

The Gaulish provinces had a fine network of highways. The highways were built under the supervision of the Roman general Agrippa who was Augustus' son-in-law, and they radiated out from their hub at Lugdunum.

Rubrius was an officer of the Emperor and was traveling not only with his family, but also with a large retinue of soldiers and slaves. Many of these would act as clerks and secretaries for the new procurator. The whole convoy easily caught the attention of hostile native bandits who lurked in the forest which edged the highways.

46 alter Vercingetorix

Rubrius et familia ex urbe Massiliā tandem discessērunt et ad colōniam Lugdūnum prōcessērunt. postquam omnēs Phlegontī et Phaëtontī et aliīs valedīxērunt, ad raedam festīnāvērunt. multī mīlitēs Rōmānī, quod Rubrius erat prōcūrātor Augustī, cum Rubriō et familiā iter faciēbant. prōcūrātor multam pecūniam et aliās rēs pretiōsās ferēbat. 5

viātōrēs erant prope colōniam Arausiōnem. subitō latrōnēs ē silvā cucurrērunt et eōs petīvērunt. mīlitēs fortiter pugnāvērunt et latrōnēs abēgērunt. ūnus latrō tamen īnfantem Rubriam rapuit.

Cernunnus, ubi hoc vīdit, fūstem vibrābat et clāmābat, "furcifer! 10 illam īnfantem redde! ego, alter Vercingetorix, hoc postulō."

latrō ibi stābat attonitus. mīles īnfantem rapuit et latrōnem pulsāvit. latrō cecidit exanimātus. mīles mātrī Rubriam reddidit.

tum omnēs mīlitēs Cernunnum fortem laudāvērunt. ūnus mīles puerō caligulās dedit, quod tam fortiter clāmāvit. 15

"ego, alter Vercingetorix, tibi grātiās maximās agō!" respondit Cernunnus, et caligulās induit.

MEANINGS

alter	*another, a second*
familia	*his family*
ex urbe Massiliā	*out of the city (of) Massilia*
tandem	*finally*
colōniam: colōnia	*the colony (of)*
Lugdūnum	*Lugdunum*
prōcessērunt: prōcēdō	*advanced, went on*
aliīs: alius	*to others*
valedīxērunt: valedīcō	*said goodbye*
festīnāvērunt: festīnō	*hurried*
prōcūrātor Augustī	*a finance officer of Augustus, procurator*
cum Rubriō et familiā	*with Rubrius and his family*
iter faciēbant: iter faciō	*made the trip, traveled*
multam: multa	*much*
pecūniam: pecūnia	*money*
aliās rēs: alia rēs	*other things*
pretiōsās: pretiōsa	*precious*
ferēbat: ferō	*was bringing*
viātōrēs: viātor	*travelers*
prope colōniam Arausiōnem	*near the colony of Arausio (modern Orange, France)*
latrōnēs: latrō	*bandits*
ē silvā	*out of the forest*
eōs: is	*them*
petīvērunt: petō	*sought, went after*
abēgērunt: abigō	*drove off*
ūnus	*one*
latrō	*thief*
rapuit: rapiō	*snatched*
ubi	*when (conjunction)*
vibrābat: vibrō	*kept shaking*
furcifer!	*you crook!*
illam: illa	*that*
redde!	*give back! (singular)*
postulō	*(I) demand*
ibi	*there*
rapuit: rapiō	*snatched*
cecidit: cadō	*fell*
exanimātus	*unconscious*
reddidit: reddō	*gave back*
tum	*then*

fortem: fortis	*brave*
caligulās: caligula	*(some) little boots*
tam	*so*
tibi: tū	*(to) you*
grātiās agō	*(I) give thanks, thank*
induit: induō	*put on*

Two Roman buildings at Orange are still visible and are popular with tourists. One is a massive arch which once marked the place where Agrippa's road reached the town, and the other is a beautiful theater whose **scaenae frōns**, or stage-set, is still some 121 feet (37 meters) high. This theater was large enough to seat up to 7,000 of the veterans who originally settled the colony of Arausio and their families. The seating banks of the theater have been restored so that modern audiences can appreciate the productions which are presented there today.

After their encounter with the bandits, Rubrius and his family decided it would be safer to finish the journey northward from Arausio to Lugdunum by barge on the Rhodanus (Rhône) river. Even in those days, there were many commercial boats on the Rhône, because the river was one of the main trade routes in Gaul. In addition to passengers, Roman goods like wine and pottery were carried north on the Rhône. They were then transferred to more northerly rivers like the ones now called the Seine, Loire, Mosel, and Rhine. Other goods like Gaulish hams (much favored in Rome), furs, wild animals for the arena, fine hunting dogs, rare plants, and exotic relishes came south on the Rhône, and were then transshipped via Massilia (Marseille) to Ostia, the port of Rome.

In Augustus' time, a long barge journey would have been unpleasant. For one thing, there were no motors. The barges were pulled along with ropes (from land) by stubborn mules driven by noisy mule-drivers. For another thing, there were no chemical insect sprays. The gnats and other insects attracted by the water would have irritated the passengers.

47 in flūmine Rhodanō

postrīdiē Rubrius et familia in lintre flūmen Rhodanum nāvigābant.
sīc ad colōniam Lugdūnum iter faciēbant.

Rubrius, postquam nautīs et mūliōnibus pecūniam dedit, ad
stegam festīnāvit et mox dormiēbat. Iūnia et Lūcius et Lūcīlia, etiam
Gāius et Rubria dormiēbant. Cernunnus tamen nōn dormiēbat.   5

nautae, quod vīnum bibēbant, clāmābant et cantābant. mūliōnēs,
quod nautae eīs vīnum dābant, quoque clāmābant et cantābant.
mūlī rudēbant; culicēs bombilābant. Cernunnus, quod clāmōrēs eum
terrēbant, Galliam vituperābat, Rōmam cupiēbat. mox lacrimābat.

Gāius, quod amīcus eum excitāvit, Cernunnum vituperāvit.   10

"cūr lacrimās?" rogāvit. "cūr mē vexās?"

"clāmōrēs timeō," respondit Cernunnus. "mūlī et culicēs mē
terrent. Rōmam cupiō."

"quid?" clāmāvit Gāius. "tū es alter Vercingetorix! Rōmānōs
superās, sed culicēs timēs?"   15

MEANINGS

in flūmine Rhodanō	*on the Rhodanus river*
postrīdiē	*on the next day*
in lintre	*on a (river) boat*
flūmen Rhodanum: flūmen Rhodanus	*the Rhodanus river*
nāvigābant: nāvigō	*were sailing thus*
sīc	*thus*
colōniam: colōnia	*the colony*
iter faciēbant: iter faciō	*made the trip*
mūliōnibus: mūliō	*to the mule-drivers*
pecūniam: pecūnia	*money*

stegam: stega	the (boat) cabin
mox	soon
etiam	even
vīnum	wine
bibēbant: bibō	were drinking
mūliōnēs: mūliō	the mule-drivers
eīs: is	to them
mūlī: mūlus	the mules
rudēbant: rudō	were braying
culicēs: culex	the gnats
bombilābant: bombilō	were whining, were buzzing
eum: is	him
terrēbant: terreō	frightened
vituperābat: vituperō	kept finding fault with
Rōmam: Rōma	Rome
excitāvit: excitō	woke up
vexās: vexō	you (singular) annoy
terrent: terreō	are frightening
superās: superō	you conquer

Key Words

1

nouns (singular) subjects	*adjectives (singular) nominative*	*nouns (singular) indirect objects*	*nouns (singular) direct objects*	*verbs (singular) perfect tense*
coquus	alius	coquō	cistulam	dedit
latrō	alter	latrōnī	pilam	tulit
piscātor	caecus	piscātōrī	piscem	invēnit
mendīcus	fortis	mendīcō	rudentem	ostendit
		familiae	vīdulum	parāvit
		colōniae	vīnum	reddidit
			pecūniam	trādidit

2 Translate the following phrases:

haec tōta lingua

hoc nōmen

longa nāvigātiō

hī culicēs

multae nāvigātiōnēs

maximae pilae

3 Match each of the following present tense forms of the verb with its matching perfect tense form:

Present tense forms: agitat, āmittunt, cōnspicit, cupit, festīnant, gustat, rapit, salūtat, terret, exclāmat, veniunt.

Perfect tense forms: salūtāvit, cōnspexit, gustāvit, rapuit, festīnāvērunt, terruit, exclāmāvit, cupīvit, vēnērunt, agitāvit, āmīsērunt.

4 Review the following Key Words in Chapter IX:

ibi, is: eum, ita vērō!, mox, postrīdiē, quid?, tandem, tum, ūnus.

5 Translate the following dialogue:

"quid āmīsit Cernunnus?" rogāvit Rubrius.
"Cernunnus pilam āmīsit," dīxit Gāius. "servus pilam cōnspexit?"
"ita vērō! servus, postquam vīllam intrāvit, pilam vīdit."
"ubi pilam vīdit?" rogavit Gāius.
"servus pilam in triclīniō vīdit."
ibi Gāius et Cernunnus pilam tandem invēnērunt.

DERIVATIVES

English: ostentatious, vine, navigator, tradition, fortress
French: langue, fortifier, ostentateur, navigation, saluer, nom, terreur
Spanish: festinar, fuerte, ostentación, nombre, lengua, pescado, navegación, cocinero.

in colōniā Lugdūnō

In 52 B.C., the Gaulish leader Vercingetorix was handed over to Caesar by the starving Gaulish elders of Alesia (modern Alise-Ste-Reine). He was taken as a prisoner to Rome, where we can imagine that he argued with Caesar before being executed.

48 Model Sentences

Caesar dīcit:
>nōs Rōmānī sumus fortēs. nōs
>cum vōbīs pugnāmus.
>vōs estis ignāvī. vōs semper
>fugitis.

Vercingetorix respondet:
>nōs Gallī sumus fidēlēs. nōs
>uxōrēs et līberōs amāmus.
>vōs estis stultī. vōs uxōrēs et
>līberōs necātis.

Caesar dīcit:
>nōs Rōmānī sumus callidī. nōs
>vīllās magnās aedificāmus.
>vōs Gallī estis stultī. vōs casās
>vestrās incenditis.

Vercingetorix respondet:
>vōs Rōmānī estis potentēs. vōs
>multās terrās superātis.
>nōs Gallī sumus servī. nōs
>clēmentiam petimus.

MEANINGS

in colōniā Lugdūnō	*in the colony (of) Lugdunum*
Caesar	*Caesar*
nōs	*we*
sumus: sum	*(we) are*
cum vōbīs	*with you (plural)*
vōs	*you (plural)*
estis: sum	*(you (plural)) are*
ignāvī: ignāvus	*cowardly*

semper	*always*
fugitis: fugiō	*(you (plural)) flee, run away*
fidēlēs: fidēlis	*loyal*
līberōs: līberī	*(our, your) children*
necātis: necō	*(you (plural)) kill*
callidī: callidus	*clever*
aedificāmus: aedificō	*(we) build*
casās: casa	*huts*
vestrās: vestra	*yours (plural)*
incenditis: incendō	*(you (plural)) set fire to*
potentēs: potēns	*powerful*
terrās: terra	*lands*
superātis: superō	*(you (plural)) conquer*
clēmentiam: clēmentia	*mercy*
petimus: petō	*we seek, ask for*

The Rhodanus and Arar (Rhône and Saône) rivers met at Lugdūnum, and Augustus ordered a large altar to be built on the ground between them. He dedicated it to the worship of Rome and Augustus, i.e. the Roman Empire and himself. In 12 B.C., under the supervision of Augustus' stepson Drusus, the first sacrifice was made in the presence of ambassadors from the 60 Gaulish tribes. This inauguration by Drusus formally marked the end of the integration of Gaul into the Roman Empire which Julius Caesar began with his campaigns 46 years earlier.

The altar was inaugurated with its own high priest and cult of the Emperor on August 1. This day was both the birthday of Augustus and the feast day of the Gaulish god called Lugh, after whom **Lugdūnum** was named. Lugh was one of the most important of the native Gaulish gods.

The two pillars which once framed the Altar of Rome and Augustus still exist today, each cut in half, as four pillars inside the medieval church of Saint-Martin d'Ainay, in Lyon.

49 adventus

Rubrius et familia, postquam ad colōniam Lugdūnum advēnērunt, ad vīllam novam festīnāvērunt. Gāius, simulāc vīllam cōnspexit, exclāmāvit,

"pater, haec vīlla est māior quam nostra vīlla Rōmāna!"
Gāius vīlicum et omnēs servōs prō vīllā cōnspexit.   5

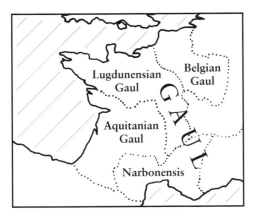

"pater," inquit Gāius, "nōs vīllam magnificam habēmus. nōs multōs servōs habēmus! ego Galliam valdē amō!"

vīlicus deinde Rubriō "salvē!" inquit. "ego sum vīlicus. nōmen meum est Litaviccus. ego dominum meum salūtō. fortasse vōs estis fessī. uxor mea, Louernia …" 10

"tū es servus Gallicus?" interpellāvit Cernunnus.

"ita vērō," respondit Litaviccus. "sed …"

"ego quoque sum Gallus," clāmāvit Cernunnus. "ego sum fortior quam Vercingetorix …"

"et tū es loquācior quam psitaccus!" clāmāvit Litaviccus. "cēterī 15 servī in casā illā tē exspectant."

Litaviccus Cernunnō casam ostendit ubi servī habitābant. Gāius tamen patrī clāmāvit,

"pater, nōlī Cernunnum ad casam mittere! ego et Cernunnus sumus velut frātrēs." 20

Rubrius cōnsēnsit. pater fīliō et amīcō vernae idem cubiculum dedit.

MEANINGS

adventus	*the arrival*
advēnērunt: adveniō	*arrived*
novam: nova	*new*
simulāc	*as soon as*
vīllam: vīlla	*their (big) house*
māior	*bigger (comparative of* magna*)*
quam	*than*
nostra	*our*
vīlicum: vīlicus	*the farm-manager*
prō vīllā	*in front of the (big) house*
magnificam: magnifica	*magnificent*
salvē!	*hello!*
meum	*my*
Litaviccus	*Litaviccus*
fortasse	*perhaps*
fessī: fessus	*tired*
Louernia	*wife of Litaviccus*
interpellāvit: interpellō	*interrupted*
fortior	*braver (comparative of* fortis*)*
quam	*than*
loquācior	*more talkative (comparative of* loquāx*)*
psitaccus	*a parrot*
cēterī	*the rest (of the)*
in casā illā	*in that hut*

exspectant: exspectō	*are waiting for*
casam: casa	*the hut*
nōlī mittere!	*don't send!*
velut	*like*
cōnsēnsit: cōnsentiō	*agreed*
vernae: verna	*to the slave (born in the master's house)*
idem	*the same*

Wherever wealthy Romans settled in the provinces, they built large, comfortable houses called **vīllae**. The **vīllae** in towns were often set in their own grounds, surrounded by elaborate gardens or woods. Those in the country often had two courtyards attached, one for the farm animals and another for agriculture-related activities, such as a smithy for making horseshoes or a tannery for curing leather. Slaves were housed either in their own tiny **cellae familiārēs** ("cells") in the **vīlla** or in outbuildings.

The house itself was built around two inner patios. One patio was called the **ātrium**. It had an opening in the roof called the **compluvium**, which allowed rainwater to fall into a pool underneath called the **impluvium**. The other patio was the **peristȳlium**, which was a garden surrounded by a colonnade of pillars. The Roman **vīlla** had fewer windows than modern houses in southern Europe, and was usually built on a single level. The different rooms in the **vīlla** had specific functions: the **ātrium** was a reception room, the **tablīnum** was the study or business room, the **triclīnium** was the dining room, and the **cubiculum** was the bedroom.

50 vīlla Lugdūnēnsis

Rubrius ad tablīnum festīnāvit. ibi servō epistulās dictābat. Specla Rubriam ad cubiculum tulit. Litaviccus Lūcium et Lūcīliam per viam ad vīllam minōrem dūxit. haec vīlla Lūcīliam dēlectāvit, quod prope forum erat.

interseā ancilla Louernia Iūniam per vīllam māiōrem dūxit.　　　5
ancilla dominae ātrium et triclīnium et culīnam ostendit et eī clāvēs
dedit. deinde Iūnia et Louernia ad peristȳlium ībant, ubi Cernunnus
hortum īnspiciēbat.

　　"ecce flōrēs! ecce ūvae!" clāmāvit Iūnia. "nōs hortum
pulcherrimum habēmus."　　　10

　　"et hic hortus Gallicus," addidit Cernunnus, "pulchrior est quam
vester hortus Rōmānus."

　　subitō omnēs clāmōrem audīvērunt. ad ātrium festīnāvērunt. ibi
ancilla clāmābat. haec ancilla Louerniae impluvium ostendit. rāna
in aquā saliēbat.　　　15

　　"ubi est Gāius?" īrātē rogāvit Iūnia.

MEANINGS

Lugdūnēnsis	*in Lugdunum (modern Lyon, France)*
tablīnum	*the study*
epistulās: epistula	*letters*
dictābat: dictō	*dictated*
per viam	*through the street*
minōrem: minor	*smaller (comparative of* parva)
dēlectāvit: dēlectō	*delighted*
prope forum	*near the forum, civic center*
intereā	*meanwhile*
per vīllam māiōrem	*through the larger house*
dominae: domina	*mistress*
ātrium	*reception room, atrium*
culīnam: culīna	*kitchen*
eī: ea	*to her*
clāvēs: clāvis	*the keys*
peristȳlium	*the garden surrounded by a colonnade of pillars, peristyle*
ībant: eō	*went*
hortum: hortus	*the garden*
ecce!	*look!*
flōrēs: flōs	*flowers*
ūvae: ūva	*grapes*
pulcherrimum: pulcherrimus	*very beautiful (superlative of* pulcher)
hortus	*garden*
pulchrior	*more beautiful (comparative of* pulcher)
vester	*your (plural)*
hortus	*garden*
impluvium	*the open pool (in the atrium)*

rāna	a frog
in aquā	in the water
ubi?	where?
īrātē	angrily

PATTERNS

1 Study the following pairs of sentences:

ego **sum** Gallus. *I am a Gaul.*   ego **labōrō**. *I work.*
nōs **sumus** Gallī. *We are Gauls.*   nōs **labōrāmus**. *We work.*

tū **es** Rōmānus. *You (singular) are a Roman.*   tū **vituperās**. *You (singular) find fault*

vōs **estis** Rōmānī. *You (plural) are Romans.*   vōs **vituperātis**. *You (plural) find fault.*

Present Tense

Meanings	*be*	*find fault*	*frighten*	*send*	*catch sight of*	*sleep*
SINGULAR						
I	su*m*	vituper*ō*	terre*ō*	mitt*ō*	cōnspici*ō*	dormi*ō*
you	es	vituperā*s*	terrē*s*	mitti*s*	cōnspici*s*	dormi*s*
s/he, it	est	vitupera*t*	terre*t*	mitti*t*	cōnspici*t*	dormi*t*
PLURAL						
we	su*mus*	vituperā*mus*	terrē*mus*	mitti*mus*	cōnspici*mus*	dormī*mus*
you	es*tis*	vituperā*tis*	terrē*tis*	mitti*tis*	cōnspici*tis*	dormī*tis*
they	su*nt*	vitupera*nt*	terre*nt*	mittu*nt*	cōnspiciu*nt*	dormiu*nt*
CONJUGATIONS						
Irregular		I	II	III "-ō"	III "-iō"	IV

2 All Latin verbs can be grouped into families according to the form of their endings. The families of verbs are called *conjugations*. Conjugations may be *irregular* like that of **esse** (to be). Otherwise, a Latin verb belongs to one of four conjugations, numbered I, II, III, or IV. Conjugation III is subdivided into **-ō** and **-iō** groups. Each of these verb families has a characteristic vowel.

   Can you detect the characteristic vowel of each conjugation in the chart above?

3 To translate Latin into English, it is *not* necessary to know which family, or conjugation, a verb belongs to. It is only necessary to know a given verb form's personal ending. The present tense personal endings are the same in all conjugations of verbs:

grain-levy (**annōna mīlitāris**), a percentage of the farmers' grain that generally was used to feed the Roman soldiers stationed in the provinces. This grain was collected by contractors, or **pūblicānī**, who delivered the levy to the Roman authorities, and kept some of the grain as their payment.

These contractors, or **pūblicānī**, sometimes worked with the native peoples to cheat their Roman overlords. They also sometimes worked with the Roman authorities to levy even higher percentages of the grain harvest from the natives. Sometimes they cheated *both* the native peoples *and* their Roman masters by secretly keeping some of the grain for their own private use. However, life was not always easy for the contractors. They often had to make promises to the Romans ahead of the harvest to deliver large amounts of grain. If the harvest was ruined, they had to pay for the grain they had promised with coins from their own purses.

52 annōna

Lūcius et Lūcīlia cēnam in caupōnā cōnsūmunt. caupōna est prope vīcum Lutetiam.

Lūcīlia:	cūr pater tē ad hunc vīcum mīsit?
Lūcius:	nōs Rōmānī populōs īnfestōs superāmus. populī victī deinde
	nōbīs annōnam dant. pūblicānī nōbīs hanc annōnam ā 5
	populīs postulant. nunc tamen pūblicānus ā vīcō Lutetiā ad
	patrem meum nōn vēnit. pater igitur mē ad eum mīsit.
Lūcīlia:	quid pūblicānus dīxit?
Lūcius:	"nōs Parisiī," dīxit pūblicānus, "sumus īnfēlīciōrēs quam
	mūrēs. nōs nūllum frūmentum habēmus. nōs nūllam 10
	annōnam habēmus. nōs igitur vōbīs annōnam nōn dāmus."
Lūcīlia:	sed annōna nunc est in horreīs pūblicīs?

I	-ō	we	-mus
you (sg.)	-s	you (pl.)	-tis
s/he, it	-t	they	-nt

4 Identify the person of each of the following verb forms:

First Conjugation: salūtat, vituperāmus, habitant, aedificātis
Second Conjugation: terrētis, teneō, respondēmus, mulcent
Third Conjugation -ō: mittō, dūcitis, dīcunt, trahis, ostendimus
Third Conjugation -iō: cōnspiciō, facimus, cōnspiciunt, facit
Fourth Conjugation: dormītis, audiunt, dormit, audīmus.

Being miniatures of Rome, Roman colonies (**colōniae**) in the provinces always had a civic center, or **forum**, with the usual buildings: the temple, the court building (**basilica**), and the government building (**praetōrium**), as well as a market building where meat- and vegetable-sellers set up their booths (**macellum**).

Slave-sellers (**vēnāliciī**) also displayed their human "wares" at the forum. Many Gaulish slaves were captured during the many wars between the Romans and Gauls, first under Caesar (58–49 B.C.) and later under Augustus (27–12 B.C.). The slaves were important commodities in the economy of Gaul. They could be bought or traded. For example, a large jar of favored Italian wine could be traded for one Gaulish boy-slave.

Although they could be bought and sold, slaves retained some human rights. Male and female slaves could live together and become parents, but they were not allowed to marry, and their children came under the guardianship of the slaves' owner (**dominus**). Slaves were generally allowed freedom of religious worship, especially when their religion was the Roman state religion or their native one. The slaves' owner was responsible for housing and feeding them, and for caring for them when they were ill. He was also responsible for the cost of burying them when they died. The cemeteries in which slaves were buried were religiously consecrated ground, and were treated with the same respect as the cemeteries for the freeborn.

51 ad forum

Lūcīlia Iūniam ad vīllam suam invītāvit.

"vīlla nostra est minor quam vīlla vestra," inquit. "nōs tamen nūllōs servōs, nūllās ancillās habēmus."

"vōs estis fēlīcēs!" respondit Iūnia. "vīlla vestra est prope forum, ubi vēnāliciī multōs servōs, multās ancillās vēndunt. prīmum,   5

coquum quaere! coquus vōbīs cibum emit et parat.”

    Lūcīlia et Iūnia igitur ad forum festīnāvērunt. vēnālicius, simulāc eās cōnspexit, clāmāvit,

    “vōsne servum bonum quaeritis? ego servōs optimōs vēndō.”

    “nōs coquum quaerimus,” inquit Iūnia. “tūne coquōs habēs?”   10

vēnālicius fēminīs coquum obēsum ostendit.

    “coquī obēsī cēnās bonās parant,” inquit vēnālicius. “hic coquus obēsus est Gedomo. Gedomo cēnās optimās parat!”

    Gedomo rīsit et stomachum dēmulsit.

    Lūcīlia Gedominem ēmit.   15

MEANINGS

forum	*the civic center, forum*
suam: sua	*her (own)*
invītāvit: invītō	*invited*
nostra	*our*
vestra	*your (plural)*
nūllōs: nūllus	*not any, no*
nūllās: nūlla	*not any, no*
fēlīcēs: fēlīx	*lucky*
prope forum	*near the forum*
vēnāliciī: vēnālicius	*the slave-sellers*
vēndunt: vēndō	*sell*
prīmum	*first (adverb)*
quaere!	*look for!*
vōbis: vōs	*for you (plural)*
cibum: cibus	*food*
igitur	*therefore*
vēnālicius	*the slave-seller*
simulāc	*as soon as*
eās: ea	*them*
-ne?	*(suffix indicating a question)*

bonum: bonus	*good*
optimōs: optimus	*very good (superlative of* bonus*)*
vēndō	*(I) sell*
fēminīs: fēmina	*to the women*
obēsum: obēsus	*plump*
obēsī: obēsus	*plump (plural)*
cēnās: cēna	*dinners*
bonās: bona	*good*
Gedomo	*Gaulish slave cook*
optimās: optima	*very good (superlative of* bona*)*
stomachum: stomachus	*stomach, belly*
dēmulsit: dēmulceō	*stroked*

PATTERNS

1 Study the following pairs of sentences:

Lūcīlia coquum bonum quaerēbat.	*Lucilia was looking for a goo{cook.*
	cook.
Lūcīliane coquum bonum quaerēbat?	*Was Lucilia looking for a goo{cook?*
	cook?
vēnālicius multōs servōs vēndēbat.	*The slave-seller was selling ma{slaves.*
	slaves.
vēnāliciusne multōs servōs vēndēbat?	*Was the slave-seller selling man{slaves?*
	slaves?

How does the Latin change the statement into a question? How d{the English?

    The suffix **-ne** (added to the first word of a question) is like the{Latin equivalent of an English question mark, rather than a real wo{Questions flagged with **-ne** may be answered “Yes” or “No”.

2 Translate the following:

    1 vīllane vestra est prope forum?
    2 vīlla nostra est prope forum.
    3 coquusne vōbīs cibum parat?
    4 ita vērō! coquus nōbīs cibum parat.
    5 coquusne vōbīs cibum in cubiculō emit?
    6 minimē! coquus nōbīs cibum in forō emit.

The Roman authorities in the provinces regularly imposed taxes of{various kinds on the people. The taxes were either in money or in kind{(food, clothing, or housing). Chief among the taxes in kind was the{

Lūcius: ita vērō. mīlitēs pūblicānum in carcerem iēcērunt. deinde
         agricolās proximōs vīsitāvērunt.
Lūcīlia: quid mīlitēs dīxērunt?   15
Lūcius: "vōs estis agricolae dīvitēs," dīxērunt mīlitēs. "vōs multum
         frūmentum in horreīs habētis. nōs hoc frūmentum nunc
         postulāmus."
         mīlitēs deinde frūmentum collēgērunt. agricolae Parisiī
         erant īrātissimī, sed mīlitēs nostrī erant potentiōrēs quam   20
         agricolae Parisiī.
Lūcīlia: fēlīcissima sum! tū, nōn agricola Parisius, es marītus meus.

MEANINGS

annōna	*the grain-tax, grain-levy (a tax to feed Roman army)*
cēnam: cēna	*dinner*
in caupōnā	*in an inn*
caupōna	*the inn, tavern*
prope vīcum Lutetiam	*near the village of Lutetia (modern Paris, France)*
vīcum: vīcus	*village*
mīsit: mittō	*sent*
populōs: populus	*peoples, tribes*
īnfestōs: īnfestus	*dangerous*
superāmus: superō	*(we) conquer*
populī: populus	*the peoples, tribes*
victī: victus	*conquered*
nōbīs: nōs	*to us*
annōnam: annōna	*their grain-tax*
pūblicānī: pūblicānus	*publicans, tax-collectors*
nōbīs: nōs	*for us*
ā populīs	*from the tribes*
postulant: postulō	*demand*
pūblicānus	*a publican, tax-collector*
ā vīcō Lutetiā	*from the village of Lutetia*
Parisiī: Parisius	*of the Parisian tribespeople, Parisian*
īnfēlīciōrēs: īnfēlīcior	*unluckier (comparative of īnfēlīx)*
mūrēs: mūs	*mice*
nūllum	*not any, no (neuter)*
frūmentum	*grain*
vōbīs: vōs	*to you (plural)*
in horreīs pūblicīs	*in the public granaries*
in carcerem	*into prison*

iēcērunt: iaciō	*threw*
agricolās: agricola	*farmers*
proximōs: proximus	*nearest (superlative from* prope *"near")*
agricolae: agricola	*farmers*
dīvitēs: dīves	*rich (plural)*
frūmentum	*grain*
in horreīs	*in your granaries*
postulāmus: postulō	*(we) demand*
collēgērunt: colligō	*collected*
īrātissimī: īrātissimus	*very angry (superlative of* īratus*)*
potentiōrēs: potentior	*more powerful (comparative of* potēns*)*
fēlīcissima	*very lucky (superlative of* fēlīx*)*
Parisius	*of the Parisian tribespeople, Parisian*
marītus	*husband*

PATTERNS I

1 Study the following sentences:

Cernunnus est **loquācior** quam psittacus.
*Cernunnus is **more talkative** than a parrot.*

Cernunnus est **stultior** quam asinus.
*Cernunnus is **more stupid** than a donkey.*

vīlla est **māior** quam casa; casa est **minor** quam vīlla.
*A house is **bigger** than a hut; a hut is **smaller** than a house.*

The adjectives ending in **-ior** or **-or** are the *comparative* forms of the adjectives **loquāx** ("talkative"), **stultus** ("stupid"), **magnus** ("big"), and **parvus** ("small"), respectively: **loquāx → loquāc*ior*, stultus → stult*ior*, magnus → mā*ior*,** and **parvus → min*or*.**

Many English adjectives form their comparative with the ending **-er**, for example big → bigger, small → smaller, or with the addition of the word "more," such as talkative → more talkative.

2 Translate the following sentences:

1 Gedomo erat obēsior quam Lūcius.
2 multī Rōmānī erant dīvitiōrēs quam Gallī.
3 mīlitēs Rōmānī erant potentiōrēs quam agricolae Parisiī.
4 Lūcīlia erat fēlīcior quam uxor Parisia.

PATTERNS II

1 Study the following sentences:
1 Gedomo duās fēminās cōnspexit.

Gedomo caught sight of the two women.

2 Gedomo clāmāvit, "emite mē, dominae! ego sum coquus optimus."

Gedomo shouted, "Buy me, ladies! I am a very good cook."

1 + 2 Gedomo, simulāc duās fēminās cōnspexit, "emite mē, dominae!", clāmāvit. "ego sum coquus optimus."

As soon as Gedomo caught sight of the two women, he shouted, "Buy me, ladies! I am a very good cook."

2 Translate the following sentences:

1 Iūnia et Lūcīlia, simulāc ad vīllam advēnērunt, Gedominem ad culīnam mīsērunt.
2 Gedomo, simulāc culīnam intrāvit, piscēs invēnit.
3 Gedomo, simulāc piscēs parāvit, eōs frīxit.
4 Iūnia et Lūcīlia, simulāc culīnam intrāvērunt, piscēs cōnsūmpsērunt.

Runaway slaves were called **fugitīvī**. Slaves ran away so often that people set up businesses solely to find and deliver these **fugitīvī** back to their owners. These businesses evidently thrived, and tracked down a large number of runaways. However, a person who sheltered a runaway slave, without reporting him or her to the authorities within 20 days, was punished by a severe fine or worse.

Although some of the runaways were simply lazy, many of them ran away because they had been abused by their owners, or simply because they wanted their freedom. In Augustus' time, runaway slaves could find protection from arrest by embracing a statue of the Emperor. If they did this, the arresting authorities had to give them a hearing, so that they could state their grievances and receive justice.

Many of the runaways who were not caught and returned became bandits, as in Story 46: **alter Vercingetorix**. Others, like Cernunnus in the story below, joined in the life of small farmers in out-of-the-way areas like the hills around Alesia.

53 Cernunnus effugit

Iūnia et Gāius Lūcium et Lūcīliam vīsitābant. Lūcius mātrī et frātrī
minōrī multās rēs dē Parisiīs et cēterīs populīs Gallicīs nārrābat.
Gāius, simulāc ad vīllam suam cum mātre revēnit, amīcum
Cernunnum quaerēbat.

    Gāius Cernunnum nūsquam invēnit.   5

    "Cernunnus effūgit," dīxit sibi Gāius. deinde lacrimāvit.

interea Cernunnus oppidum Alesiam intrābat, ubi Iūlius Caesar
Vercingetorigem superāvit. mūrōs et fossās īnspexit, ubi Gallī tam
fortiter pugnāvērunt. subitō agricola clāmāvit,

    "heus, puer! quid tu facis?"   10

    "ego sum Gallus," respondit Cernunnus. "pater meus est servus
in Rōmā, sed ego lībertātem petō. nōmen meum est Cernunnus."

    "et nōmen meum est Commius. ego Gallus tē Gallum salūtō,"
dīxit Commius. "venī! ego tē ad casam meam invītō. ibi multās
mālōs habeō, num labōrem timēs?"   15

    "minimē," respondit Cernunnus laetus.

Commius et Cernunnus labōrābant laetī. Cernunnus de
Vercingetorige rogābat.

    "nōs Gallī Vercingetorigem laudāmus," respondit Commius.
"Vercingetorix saepe Caesarem magnum superābat. Gallī tamen   20
leviōrēs erant quam Rōmānī et Caesarī Vercingetorigem tandem
trādidērunt. Caesar eum ad urbem Rōmam mīsit. Rōmānī ducem
nostrum in carcerem iēcērunt et posteā necāvērunt."

    "Vercingetorix sepulcrum nōbile habet velut Caesar?" rogāvit
Cernunnus.   25

    "minimē!" respondit Commius. "sed in memoriā nostrā vīvit
Vercingetorix!"

    "et in mē vīvit Vercingetorix!" addidit Cernunnus.

MEANINGS

effugit: effugiō	*runs away*
minōrī: minor	*smaller (comparative of* parvō*),* *younger*
multās rēs: multae rēs	*many things*
dē Parisiīs et cēterīs populīs Gallicīs	*about the Parisians and the rest* *of the Gaulish tribes*
cum mātre	*with his mother*
nūsquam	*nowhere*

effūgit: effugiō	*ran away, has run away*
dīxit sibi	*said to himself*
intereā	*meanwhile*
Alesiam: Alesia	*Alesia (modern Alise-Ste-Reine, France)*
mūrōs: mūrus	*walls*
fossās: fossa	*(battle) trenches*
tam	*so*
heus!	*ho there!*
puer!	*boy!*
in Rōmā	*in Rome*
lībertātem: lībertās	*liberty, freedom*
petō	*(I) am searching for*
Commius	*Commius, a Gaulish farmer*
invītō	*(I) invite*
mālōs: mālus	*apple trees*
num?	*surely not? (word indicating question to be answered "No!")*
labōrem: labor	*effort, work*
minimē!	*no!*
dē Vercingetorige	*about Vercingetorix*
saepe	*often*
leviōrēs: levior	*more unreliable (comparative of levis)*
in carcerem	*into prison*
iēcērunt: iaciō	*threw*
posteā	*afterwards*
necāvērunt: necō	*killed*
sepulcrum	*a tomb*
nōbile	*noble, well known*
velut	*like*
in memoriā nostrā	*in our memory*
vīvit: vīvō	*is alive, lives*
in mē	*in me*
addidit: addō	*added*

ACTIVITIES

1 Study the following pairs of sentences.

tū multās rēs **nārrās.**   **vōs** multās rēs **nārrātis.**
You (singular) *tell many stories.*   *You* (plural) *tell many stories.*

ego multās rēs **audiō.**   **nōs** multās rēs **audīmus.**
I listen to many stories.   *We listen* to many stories.

2 Translate the following sentences:

1a tū cibum parās.   vōs cibum parātis.
1b ego cibum cōnsūmō.   nōs cibum cōnsūmimus.
2a tū multās mālōs habēs.   vōs multās mālōs habētis.
2b ego valdē labōrō.   nōs valdē labōrāmus.
3a tū es Gallus.   vōs estis Gallī.
3b ego Vercingetorigem laudō.   nōs Vercingetorigem laudāmus.

3 Translate all the words below, including the words in brackets.
Then look at each phrase and choose one of the words in brackets
to make a sensible sentence. Translate the completed sentence.

1 nōs tē ad vīllam nostram (invītātis, invītāmus, invītant).
2 nōs coquum bonum (habent, habēmus, habētis).
3 nōs tibi cibum bonum (offerunt, offertis, offerimus).
4 vōs Rōmānī (sumus, sunt, estis) fēlīciōrēs quam nōs Gallī.
5 vōs multam pecūniam (habēmus, habent, habētis).
6 vōs multās vīllās (habitant, habitātis, habitāmus).
7 vōs nōbīs pācem, sed nōn lībertātem (dātis, dant, dāmus).

Key Words

1

nouns (plural) subjects	*adjectives (plural) nominative*	*nouns (plural) indirect objects*	*nouns (singular) direct objects*	*verbs (plural) perfect tense*
agricolae	fēlīcēs	agricolīs	ātrium	ēmērunt
fēminae	fidēlēs	fēminīs	casam	mīsērunt
līberī		līberīs	cēnam	postulāvērunt
pūblicānī		pūblicānīs	frūmentum	vēndidērunt
vēnāliciī		vēnāliciīs	hortum	
vīlicī		vīlicīs	terram	
			vīcum	
			vīllam	

2 Identify the "you (plural)" forms among the imperfect tense forms of the following Key Words in Chapter X, and then translate all the forms: dēlectābam, effugiēbātis, exspectābant, invītābāmus, nārrābat, petēbat, quaerēbāmus, superābātis.

3 Translate the following noun-adjective pairs:

annōna minor	forum bonum
agricola obēsus	vīlla sua
terra vestra	cēna nostra
fēmina mea	vīlicus meus
multae casae	nūllus pūblicānus

4 Study the following Key Words in Chapter X: igitur, minimē, quam ("than"), saepe, semper, simulāc.

5 Translate the following sentences:

1 coquusne cēnam parāvit? minimē! coquus est ignāvior quam asinus.
2 coquus saepe ad hortum ambulat et ibi sedet.
3 Gedomo amīcōs semper vīsitābat. labōrem igitur nōn amābat.
4 Commius mālōs suās semper vīsitābat. labōrem igitur amābat.
5 Cernunnus, simulāc Alesiam intrāvit, lībertātem suam laudāvit.

DERIVATIVES

English: villain, mission, fidelity, narration
French: fidèle, narrateur, mettre, ville, multiplier
Spanish: fiel, villa, narración, mucho.

CHAPTER XI · in colōniā Ēmeritā Augustā

In the spring of the following year, A.D. 10, Lucius began his apprenticeship to his procurator father, Rubrius. Lucius traveled to the Roman colony of Ēmerita Augusta (modern Mérida, Spain) to visit and consult his father's friend Petilius. Petilius was a hydraulic engineer who supervised the construction of some important civic works in Ēmerita Augusta.

54 Model Sentences

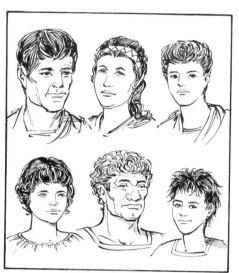

Iūnia:	cūr tū in tablīnō manēbās?
Rubrius:	ego servō epistulam dictābam.
Lūcīlia:	cūr tū pūblicānum vituperābās?
Lūcius:	ego annōnam postulābam.
Lūcius:	cūr tū ad colōniam Lugdūnum nōn vēnistī?
pūblicānus:	ego nūllum frūmentum habuī.
Commius:	cūr tū effūgistī?
Cernunnus:	ego Vercingetorigem commemorāvī.
Lūcius:	quid tū in forō ēgistī?
Lūcīlia:	ego coquum ēmī.

MEANINGS

in colōniā Ēmeritā Augustā	*in the settlement (of) Emerita Augusta (modern Mérida, Spain)*
in tablīnō	*in the study*
manēbās: maneō	*(you (singular)) stayed behind*
epistulam: epistula	*letter*
dictābam: dictō	*(I) was dictating*
commemorāvī: commemorō	*(I) remembered*
in forō	*in the forum*

Lucius was accompanied on his trip to Hispania by his new wife, Lucilia. As on the previous voyage, the pair traveled by ship and by highway. From the port of Massilia, they sailed to the ancient harbor of Gades (modern Cádiz, Spain), founded by the Phoenicians over two thousand years earlier. Gades was said to have been visited by the legendary hero Hercules, and a famous temple was built there in his honor. From Gades, the young couple traveled by carriage to Emerita Augusta.

After their arrival, Lucius wrote a letter to his father, describing the trip and his experiences in Emerita Augusta. As the son of an imperial procurator, Lucius would have sent the letter to Lugdunum by way of the relay system of messengers. These messengers were the **iuvenēs** (young men of military age), who provided a postal service (**cursus pūblicus**) for the Emperor and his officials.

55 epistula ab Ēmeritā Augustā I

Rubrius fīlium ad prōvinciam Lūsitāniam mīsit. nunc Lūcius patrī epistulam scrībit. hanc rem dē itinere nārrat:

"pater, ego amīcum tuum, Titum Volconium Petīlium, nunc vīsitō. ego vīllam tandem invēnī, sed iter erat longum et difficile. ego in nāvī magnā ā portū Massiliā ad portum Gādītānum cum Lūcīliā 5 nāvigāvī. ego, postquam ad urbem Gadēs advēnī, eram attonitus. portus erat maximus! portus erat māior quam portus Rōmānus in Ōstiā! ego fābulam dē Hercule quoque commemorābam. Herculēs ad Gadēs ambulāvit, unde ad īnsulam in pōculō nāvigāvit et ibi bovēs Gēryonis rapuit. etiam nunc Herculēs templum antīquum 10 cum duābus columnīs prō iānuā habet.

"ego iter in raedā ā portū Gādītānō ad colōniam Ēmeritam Augustam fēcī. ego in agrīs multōs bovēs vīdī. Herculēsne hōs bovēs relīquit? post trēs diēs, ego ad pontem pulcherrimum cum Lūcīliā advēnī. pōns viam trāns flūmen Anatem dūcēbat. ego et 15 Lūcīlia tandem in colōniā Ēmeritā Augustā erāmus!"

MEANINGS

epistula	*letter*
ab Ēmeritā Augustā	*from Emerita Augusta*
ad prōvinciam Lūsitāniam	*to the province of Lusitania*
rem: rēs	*thing, matter, story*
dē itinere	*about his trip*
tuum: tuus	*your (singular)*
Titum Volconium Petīlium:	*Titus Volconius Petilius, a Roman*
Titus Volconius Petīlius	*engineer settled in Emerita Augusta*
iter	*the trip*
difficile	*difficult, hard*
in nāvī magnā	*in a big ship*
ā portū Massiliā	*from the harbor of Massilia*
Gādītānum: Gādītānus	*of Gades*
cum Lūcīliā	*with Lucilia*
advēnī: adveniō	*I arrived*
māior	*bigger (comparative of* magnus*)*
in Ōstiā	*in Ostia, the town by the seaport of*
	Rome
fābulam: fābula	*the story*
dē Hercule	*about Hercules*
commemorābam: commemorō	*I remembered*
unde	*from where*
īnsulam: īnsula	*an island*
in pōculō	*in a cup*
bovēs Gēryonis: bovēs Gēryonis	*cattle of Geryon*
rapuit: rapiō	*stole, rustled*
etiam	*even*
templum	*a temple*
antīquum	*ancient*
cum duābus columnīs	*with two pillars*
prō iānuā	*in front of the door*
iter…fēcī: iter…faciō	*I made the trip*
in raedā	*in a (four-wheeled) carriage*
ā portū Gādītānō	*from the harbor of Gades*
in agrīs	*in the fields*
bovēs: bovēs	*cattle*
-ne	*(suffix indicating a question)*
hōs: hic	*these*
relīquit: relinquō	*left behind*
post trēs diēs	*after three days*
pontem: pōns	*a bridge*

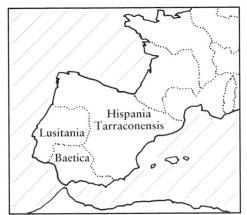

pulcherrimum: pulcherrimus	*very beautiful (superlative of pulcher)*
pōns	*the bridge*
viam: via	*the road*
trāns flūmen Anatem	*across the Anas (modern Guadiana) river*
in colōniā Ēmeritā Augustā	*in the settlement of Emerita Augusta*
erāmus: sum	*we were*

The Roman colony of **Ēmerita Augusta** was founded in 25 B.C., in the time of Augustus, in the province of **Lūsitānia**. The founder was the general Publius Carisius, who wanted to settle the Roman legionary veterans who fought in the wars against the Cantabrians (26–25 B.C.), a tribespeople living in northwestern Hispania. **Ēmerita Augusta** has survived into the twentieth century, and is now called Mérida. Mérida is in the modern *provincia de Badajoz*, part of the region now known as the Estremadura (from Latin **extrēma dūra**, or "farthest harsh places").

56 epistula ab Ēmeritā Augustā II

"pater, postquam tū mē ad colōniam mīsistī, ego multās rēs timuī. nāvigātiōnem longam timuī (omnēs Rōmānī mare timent!). terram incognitam timuī. ego tamen, postquam ad colōniam advēnī, ubi amīcus tuus habitāt, minus timēbam.

"ego diū vīllam petēbam, ubi habitābat Titus Volconius Petīlius.   5
mīles pontem custōdiēbat. ille mīles mē ad theātrum mīsit (Lūcīlia prope pontem remanēbat). āctor deinde mē ad amphitheātrum mīsit. gladiātor deinde mē ad templum mīsit. ibi ego sacrificium in ārā fēcī. deus mē servāvit! Petīlius templum quoque vīsitābat. ille mē et deinde Lūcīliam invēnit et nōs ad vīllam suam dūxit.   10

"vīlla prope pontem est!"

MEANINGS

ab Ēmeritā Augustā	*from Emerita Augusta*
colōniam: colōnia	*the colony*
multās rēs: multae rēs	*many things*
mare	*the sea*
incognitam: incognita	*unknown*
tuus	*your*
minus	*less*
diū	*for a long time*

pontem: pōns	*the bridge*
custōdiēbat: custōdiō	*was guarding*
ille	*that one, he*
theātrum	*the theater*
prope pontem	*near the bridge*
remanēbat: remaneō	*stayed behind*
āctor	*an actor*
amphitheātrum	*the amphitheater*
gladiātor	*a gladiator*
templum	*the temple*
sacrificium	*a sacrifice*
in ārā	*on the altar*
deus	*a god*
servāvit: servō	*saved*
ille	*that one, he*

PATTERNS

1 Study the following pairs of sentences:

ego Lugdūnum **habitābam.**   **ego** Lugdūnum **habitāvī.**
*I **used to live** in Lugdunum. I **lived** in Lugdunum.*

tū ad urbem Rōmam **nāvigābās.**   **tū** ad urbem Rōmam **nāvigāvistī.**
*You (singular) **used to sail**   You (singular) **sailed** to the city of*
to the city of Rome.   Rome.

Imperfect Tense

Meanings *was/were*		*was/were finding fault*	*was/were frightening*	*was/were sending*	*was/were catching sight of*	*was/were sleeping*
SINGULAR						
I	era*m*	vituperā*bam*	terrē*bam*	mittē*bam*	cōnspiciē*bam*	dormiē*bam*
you (sg.)	erā*s*	vituperā*bās*	terrē*bās*	mittē*bās*	cōnspiciē*bās*	dormiē*bās*
s/he, it	era*t*	vituperā*bat*	terrē*bat*	mittē*bat*	cōnspiciē*bat*	dormiē*bat*

Perfect Tense

Meanings	*found fault*	*frightened*	*sent*	*caught sight of*	*slept*
SINGULAR					
I	vituperāv*ī*	terru*ī*	mīs*ī*	cōnspex*ī*	dormīv*ī*
you (sg.)	vituperāv*istī*	terru*istī*	mīs*istī*	cōnspex*istī*	dormīv*istī*
s/he, it	vituperāv*it*	terru*it*	mīs*it*	cōnspex*it*	dormīv*it*
CONJUGATIONS					
Irregular I	II	III "-ō"	III "-iō"	IV	

3 The imperfect tense personal endings of verbs are the same in all conjugations:

I	–m	*we*	-imus
you (sg.)	–s	*you (plural)*	-tis
s/he, it	–t	*they*	-nt

4 The perfect tense personal endings of verbs are the same in all conjugations:

I	-ī	*we*	-imus
you (singular)	-istī	*you (plural)*	-istis
s/he, it	-it	*they*	-ērunt

5 Identify the person of each of the following verb forms, and then translate each form:

First Conjugation: dictābās, vituperābam, commemorāvī, nāvigābās
Second Conjugation: terruī, tenēbam, tenuistī, terrēbās
Third Conjugation -ō: mittēbam, ēgistī, dīcēbās, trāxistī, respondī
Third Conjugation -iō: cōnspexī, cēpistī, cōnspiciēbās, fēcī
Fourth Conjugation: dormiēbās, audīvistī, dormīvī, audiēbam.

In 19 B.C., Augustus sent his son-in-law, the general Agrippa, to Spain to defeat the rebellious Cantabrian tribespeople of northwestern Hispania once and for all. During his time in Spain, Agrippa would have visited the then six-year-old colony of Emerita Augusta. The colonists were veterans, and knew Agrippa well. He would have encouraged them to build a fine city which would set a striking example of Roman power for the newly pacified peoples of western Hispania.

The bridge over the Anas river (modern Rio Guadiana) leading to the main north–south street (**cardō**) of Emerita Augusta is still used as the main road into Mérida. This bridge is 2598 feet (792 meters) long, and although it has been rebuilt several times, part of it is still recognizable as Roman. The remains of a Roman wharf are also visible near the island in the middle of the river. This shows that, in Roman times, the Guadiana river was navigable as far as Mérida.

57 Marcus Vīpsānius Agrippa

Petīlius Lūcium et uxōrem Lūcīliam in vīllam suam excēpit.

Petīlius:	ego et Rubrius diū sunt amīcī. ego tamen, postquam Augustus generum suum Agrippam ad Hispāniam mīsit, ad hanc colōniam vēnī. ego pontem illum aedificāvī!
Lūcīlia:	tū optimē aedificāvistī! pōns est pulcherrimus.
Petīlius:	tibi grātiās agō. et patrī vestrō grātiās agō quod ille vōs hūc mīsit. paterne est occupātus?
Lūcius:	pater est valdē occupātus.
Petīlius:	ēheu! postquam imperātor Augustus et lēgātus suus Publius Carisius hanc colōniam condidērunt, Agrippa quoque erat occupātus. multōs hostēs Hispānicōs superāvit. Agrippa erat vir tam līberālis quam fortis. Agrippa nōbīs theātrum splendidum in Ēmeritā Augustā aedificāvit.
Lūcius:	ego theātrum et nōmen Agrippam super parodō īnscrīptum vīdī.
Lūcīlia:	et nōnne cibum splendidum in triclīniō vidēs? ancillae nōs ad cēnam vocant.

Line numbers: 5 (line 5), 10 (line 10), 15 (line 15)

MEANINGS

Marcus Vīpsānius Agrippa	*Marcus Vipsanius Agrippa*
in vīllam	*in his (big) house*
excēpit: excipiō	*welcomed*
diū	*for a long time*
sunt: sum	*are, have been*
generum: gener	*son-in-law*
suum: suus	*his (own)*
Hispāniam: Hispānia	*Hispania, modern Spain*
illum: ille	*that*
aedificāvī: aedificō	*(I) built*
optimē	*very well*
aedificāvistī: aedificō	*(you (singular)) built*
pulcherrimus	*very beautiful (superlative of* pulcher*)*
tibi: tū	*to you (singular)*
grātiās agō	*I give thanks*
vestrō: vester	*to your (plural)*
ille	*that one, he*
hūc	*here*
-ne	*(suffix indicating a question)*
occupātus	*busy*

imperātor	*the emperor*
lēgātus	*his general*
Publius Carisius	*Roman general*
condidērunt: condō	*founded*
hostēs: hostis	*enemies*
Hispānicōs: Hispānicus	*of Hispania, Hispanic*
vir	*a man*
tam...quam	*as...as*
līberālis	*liberal, generous*
nōbīs: nōs	*for us*
splendidum	*splendid*
in Ēmeritā Augustā	*in Emerita Augusta*
aedificāvit: aedificō	*built*
super parodō	*above the parodos, side entrance*
īnscrīptum	*inscribed*
nōnne?	*surely? (word indicating question to be answered "Yes!")*
cibum: cibus	*the food*
in triclīniō	*in the dining room*
vocant: vocō	*are calling*

ACTIVITIES

1 On a piece of paper, label three columns (1) *first person present tense verb*, (2) *first person imperfect tense verb*, and (3) *first person perfect tense verb*. Then write each of the verb forms below in the appropriate column:

vituperō, cōnspiciēbam, mīsī, adveniēbam, nārrāvī, commemorō, rapiō, rapuī, mittēbam, vituperāvī, eram, nārrō, commemorābam, mittō, cōnspiciō, vituperābam, advēnī, cōnspexī, adveniō, nārrābam, commemorāvī, rapiēbam, sum.

2 On a piece of paper, label three columns (1) *second person present tense verb*, (2) *second person imperfect tense verb*, and (3) *second person perfect tense verb*. Then write each of the verb forms below in the appropriate column:

rapuistī, ambulās, remānsistī, timēbās, servās, vīsitās, dūxistī, advēnistī, advenīs, relinquis, ambulāvistī, remanēbās, rapis, adveniēbās, timuistī, servāvistī, remanēs, relīquistī, ambulābās, timēs, servābās, vīsitāvistī, dūcēbās, relinquēbās, dūcis, rapiēbās, vīsitābās.

The reservoir and dam that were first constructed in Augustus' time still hold the Mérida town water supply. The reservoir is called Lago de Proserpina, or "Proserpina's Lake," after an inscription bearing the name of the Goddess of the Underworld, which was found nearby. The **mōlēs**, or dam, which blocks off a tributary of the Aljucén river, has a sloping wall more than 1312 feet (400 meters) long and almost 20 feet (6 meters) thick. The **lacus**, or reservoir behind the dam, can hold over 135 million cubic feet (5 million cubic meters) of water.

ACTIVITY

Translate all the words below, including those in brackets. Then look at each phrase and choose one of the words in brackets to make a sensible sentence. Translate the completed sentence.

1 Lūcius: quid tū in colōniā Ēmeritā Augustā (aedificāvī, aedificāvistī)?
2 Petīlius: ego pontem et mōlem (aedificāvī, aedificāvistī).
3 Lūcius: quis labōrem tuum (incitāvistī, incitāvit)?
4 Petīlius: imperātor Augustus labōrem meum (incitāvistī, incitāvit), sed ego (labōrāvistī, labōrāvī) laetus.
5 Lūcius: cūr tū Augustum (laudō, laudās)?
6 Petīlius: Augustus cīvibus Rōmānīs imperium et pācem (dedistī, dedit, dedī).

Key Words

1

pronouns (singular) subjects	nouns (plural) indirect objects	nouns (singular) direct objects	verbs (singular) perfect tense
ego	populīs	cibum	aedificāvī
tū	senibus	equum	aedificāvistī
	virīs	fābulam	ēgī
		mōlem	ēgistī
		pontem	parāvī
		templum	parāvistī
		theātrum	dedī
			dedistī

2 Translate the following noun-adjective pairs:

lacus antīquus
epistula longa
equus pulcherrimus
coquus suus
virī ūtilissimī

colōnia Rōmāna
vir occupātus
pōns splendidus
coquus tuus

3 Study the following Key Words in Chapter XI: adveniō, bovēs, duo, etiam, grātiās...agō, ille, iter...faciō, mare, -ne, rēs, tam.

4 Translate the following sentences:

1 Herculēs iter longum fēcit et ad Hispāniam tandem advēnit.
2 ibi ille vir magnus deīs grātiās ēgit et duās columnās ērēxit.
3 deinde Herculēs iter trāns mare fēcit et ad īnsulam advēnit.
4 ibi Herculēs multōs bovēs Gēryonis rapuit.
5 tūne hanc fābulam antīquam audīvistī?

DERIVATIVES

English: epistle, mermaid, senile, populace, adventure, fabulous
French: mer, épître, peuple, advenir, sénat
Spanish: fábula, pueblo, mar, señor, advenimiento.

exsequiae

Lucius and Lucilia spent the spring and summer of A.D. 10 in Emerita Augusta, as guests of the engineer Petilius and his wife, Pontia. Later, in the early autumn, they would return to Rome, rather than to Lucius' father in Lugdunum.

58 Model Sentences

Lūcius et Lūcīlia ad urbem Rōmam revēnērunt. sermōnem cum Celtillō habent.

Celtillus:	quid vōs in portū agēbātis?
Lūcius et Lūcīlia:	nōs piscēs salsōs emēbāmus.
Celtillus:	cūr vōs per colōniam festīnābātis?
Lūcius et Lūcīlia:	nōs coquum petēbāmus.
Celtillus:	cūr vōs ad theātrum ambulāvistis?
Lūcius et Lūcīlia:	nōs fābulam spectāvimus.
Celtillus:	cūr vōs ad Hispāniam nāvigāvistis?
Lūcius et Lūcīlia:	nōs amīcum vīsitāvimus.
Celtillus:	cūr vōs ē Lūsitāniā discessistis?
Lūcius et Lūcīlia:	nōs ad Urbem revēnimus.

5

10

MEANINGS

exsequiae	*the funeral ceremony*
urbem: urbs	*the city*
sermōnem: sermō	*a conversation*
cum Celtillō	*with Celtillus*
in portū	*in the harbor*
per colōniam	*through the colony*
fābulam: fābula	*a play*
ē Lūsitāniā	*out of Lusitania*
ad Urbem	*to the City (i.e. Rome)*

Toward the end of June, A.D. 10, sadness came to Emerita Augusta. Petilius died. He and his widow, Pontia, had no sons. Since he was a close friend of the family, Pontia asked Lucius to make the **conclāmātiō**, or final call. This was the first of several burial rituals important to the Romans. Lucius entered the room where Petilius' body lay, and called his name loudly three times.

59 mors

Lūcius et Lūcīlia Petīlium et uxōrem Pontiam diū vīsitābant. Petīlius Lūcium per viās lentē dūcēbat et eī colōniam ostendēbat. Pontia et Lūcīlia in vīllā remanēbant, et Pontia Lūcīliae multās fābulās dē Hispāniā nārrābat.

quondam māne Lūcius et uxor in hortō sedēbant. subitō Pontia   5
in hortum cucurrit.

"ēheu!" clāmāvit Pontia. "Petīlius est mortuus. ubi ego in cubiculum intrāvī, marītus meus in lectō iacēbat mortuus. ō mē miseram!"

Lūcius et Lūcīlia celeriter surrēxērunt et ad Pontiam festīnāvērunt. 10
"nōs dormiēbāmus," inquit Lūcius, "et nihil fēcimus."
"vōs nihil fēcistis," respondit Pontia, "quod nesciēbātis. ego
medicum arcessīvī. nunc auxilium vestrum cupiō. ego et Petīlius
nūllōs fīliōs, nūllās fīliās habuimus. ō Lūcī, velut fīlius estō! 15
conclāmātiōnem age!"

Lūcius et Lūcīlia cum Pontiā et tōtā familiā ad cubiculum
festīnāvērunt. ibi Lūcius "Petīlī!" ter clāmāvit. postquam Petīlius
nihil respondit, servī corpus ē cubiculō portāvērunt.

Pontia Lūciō et Lūcīliae grātiās ēgit. 20
"vōs ad colōniam nostram vēnistis," inquit Pontia, "quod Rubrius
vōs mīsit, sed deī vōs quoque mīsērunt, quod ego auxilium vestrum
requīrēbam."

tum subitō Pontia lacrimāvit.

MEANINGS

mors	*a death*
diū	*for a long time*
Pontiam: Pontia	*Pontia, wife of Petilius*
per viās	*through the streets*
lentē	*slowly*
eī: is	*to him*
in vīllā	*in the (big) house*
remanēbant: remaneō	*stayed behind*
fābulās: fābula	*stories*
dē Hispāniā	*about Hispania*
quondam	*once*
māne	*early (in the morning)*
in hortō	*in the garden*
in hortum	*into the garden*
mortuus	*dead*
ubi	*when (conjunction)*
in cubiculum	*into the bedroom*
marītus	*husband*
in lectō	*on the couch*
iacēbat: iaceō	*was lying*
ō mē miseram!	*oh wretched me!*
celeriter	*quickly*
surrēxērunt: surgō	*got up*
nihil	*nothing*
nesciēbātis: nesciō	*you (plural) did not know*
medicum: medicus	*doctor*

arcessīvī: arcessō	*sent for*
auxilium	*help*
vestrum	*your (neuter)*
ō Lūcī!	*oh Lucius!*
velut	*like*
estō!	*be!*
conclāmātiōnem: conclāmātiō	*the (ritual) final call*
age!	*make!*
cum Pontiā et tōtā familiā	*with Pontia and the whole family*
Petīlī!	*Petilius!*
ter	*three times*
nihil	*nothing*
corpus	*the body*
ē cubiculō	*out of the bedroom*
requīrēbam: requīrō	*required, needed*

The slave women of Petilius' household bathed his body and laid him, clothed in a toga, on a special couch (**lectus fūnebris**) in the atrium. The whole household mourned. The next day, slaves carried the body to the place of cremation (**būstum**) outside the city walls. There, the cremation pyre, or pile of wood, was ready. The slaves laid Petilius' body on this pyre.

60 **fūnus**

ancillae corpus lāvērunt. servī deinde Petīlium ad ātrium
portāvērunt, ubi corpus in lectum fūnebrem posuērunt. Petīlius
togam gerēbat et ad iānuam spectābat. ancillae flōrēs in lectum
spargēbant. tōta familia lacrimābat.

    Pontia ancillās laudābat, "vōs dominum bene parāvistis. vōs   5
dīligenter labōrāvistis."

    postrīdiē pompa per viās prōcēdēbat. prō pompā incēdēbant
tībīcinēs. ancillae deinde sollemniter lacrimābant. āctōrēs iocōs in
pompā clāmābant et Petīlium mortuum dērīdēbant. servī corpus in
lectō fūnebrī portābant. postrēmō Pontia et hospitēs et amīcī   10
ambulābant. Lūcius et Lūcīlia, velut fīlius et fīlia, Pontiam dēdūcēbant.

    postquam pompa ad sepulcrum advēnit, servī lectum in būstum
posuērunt. Pontia et Lūcius et Lūcīlia humum in corpus iaciēbant.
servī deinde būstum incendērunt. Pontia flammās altās spectābat.

    "vōs mihi multum sōlācium dātis, quod hīc adestis," Pontia   15
Lūciō et uxōrī dīxit.

    "nōs valdē gaudēmus," respondit Lūcius, "quod nōs tibi tantum
sōlācium dāmus."

    Pontia deinde marītō cum multīs lacrimīs valedīxit, "avē atque
valē, marīte cārissime!" et vīnum et unguentum in būstum fūdit.   20

MEANINGS

fūnus	*the funeral*
corpus	*the body, corpse*
lāvērunt: lavō	*washed*
in lectum fūnebrem	*on a funeral couch*
togam: toga	*a wool mantle (worn by citizens), toga*
gerēbat: gerō	*was wearing*
ad iānuam	*towards the door*
spectābat: spectō	*was facing*
flōrēs: flōs	*flowers*
in lectum	*on the couch*
spargēbant: spargō	*were scattering*
bene	*well (adverb)*
pompa	*the parade, procession*
per viās	*through the streets*
prōcēdēbat: prōcēdō	*advanced*
prō pompā	*in front of the procession*
incēdēbant: incēdō	*marched*
tībīcinēs: tībīcen	*flute-players*
sollemniter	*solemnly*

āctōrēs: āctor	*actors*
iocōs: iocus	*jokes*
in pompā	*in the procession*
dērīdēbant: dērīdeō	*made fun of*
in lectō fūnebrī	*on the funeral couch*
postrēmō	*finally, last of all*
fīlia	*daughter*
dēdūcēbant: dēdūcō	*escorted*
pompa	*the procession*
sepulcrum	*the tomb*
lectum: lectus	*the couch*
in būstum	*on the cremation pyre*
humum: humus	*soil, dirt*
in corpus	*on the corpse*
iaciēbant: iaciō	*kept throwing*
incendērunt: incendō	*set fire to*
flammās: flamma	*the flames*
altās: alta	*high*
sōlācium	*solace, comfort*
hīc	*here*
adestis: adsum	*(you (plural)) are here*
gaudēmus: gaudeō	*(we) are glad*
tantum	*so much*
marītō: marītus	*to her husband*
cum multīs lacrimīs	*with many tears*
avē atque valē!	*hail and farewell!*
marīte cārissime!: marītus cārissimus	*dearest husband!*
vīnum	*wine*
unguentum	*perfumed oil*
fūdit: fundō	*poured*

PATTERNS

1 Study the following sentences:

nōs Lugdūnum **habitābāmus.**
*We **used to live** in Lugdunum.*
nōs Lugdūnum **habitāvimus.**
*We **lived** in Lugdunum.*

vōs ad urbem Rōmam **nāvigābātis.**
*You (plural) **used to sail** to the city of Rome.*
vōs ad urbem Rōmam **nāvigāvistī.**
*You (plural) **sailed** to the city of Rome.*

Imperfect Tense

Meanings	*were*	*finding fault*	*frightening*	*sending*	*catching sight of*	*sleeping*
PLURAL						
we	erā*mus*	vituperābā*mus*	terrēbā*mus*	mittēbā*mus*	cōnspiciēbā*mus*	dormiēbā*mus*
you (pl.)	erā*tis*	vituperābā*tis*	terrēbā*tis*	mittēbā*tis*	cōnspiciēbā*tis*	dormi ēbā*tis*
they	era*nt*	vituperāba*nt*	terrēba*nt*	mittēba*nt*	cōnspiciēba*nt*	dormiēba*nt*
CONJUGATIONS						
	Irregular	I	II	III	III "-ō"	IV

Perfect Tense

Meanings		*found fault*	*frightened*	*sent*	*caught sight of*	*slept*
PLURAL						
we		vituperā*vimus*	terru*imus*	mīs*imus*	cōnspex*imus*	dormī*vimus*
you (pl.)		vituperā*vistis*	terru*istis*	mīs*istis*	cōnspex*istis*	dormī*vistis*
they		vituperāv*ērunt*	terru*ērunt*	mīs*ērunt*	cōnspex*ērunt*	dormīv*ērunt*

3 The imperfect tense personal endings of verbs are the same in all conjugations:

I	-m	*we*	-mus
you (sg.)	-s	*you (pl.)*	-tis
s/he, it	-t	*they*	-nt

4 The perfect tense personal endings of verbs are the same in all conjugations:

I	-ī	*we*	-imus
you (sg.)	-istī	*you (pl.)*	-istis
s/he, it	-it	*they*	-ērunt

5 Identify the person of each of the following verb forms, and then translate each form:

First Conjugation: festīnāvistis, nārrābāmus, clāmāvimus, lacrimābātis

Second Conjugation: remānsimus, habēbātis, tenuistis, sedēbāmus

Third Conjugation -ō: discessimus, arcessēbātis, surrēxistis, trahēbāmus

Third Conjugation -iō: faciēbāmus, iaciēbātis, cōnspexistis, fēcimus

Fourth Conjugation: vēnimus, reveniēbāmus, dormiēbātis, audīvistis.

61 Pontia

Pontia per multōs diēs in vīllā manēbat. amīcōs abigēbat. etiam Lūcium et Lūcīliam vītābat. illī cubiculum tandem vīsitābant, ubi Pontia sedēbat sōla.

"nōs ad tē vēnimus," inquit Lūcius, "quod cōnsilium habēmus. tū lacrimās quod Petīlius est mortuus. tū es īnfēlīx quod Augustus 5 est īnfēlīx. tū es maesta, quod Rōma est maesta."

"vīta mea est miserrima," respondit Pontia. "nūllam spem habeō."

"Augustus tamen spem fert," inquit Lūcius. "Augustus imperium magnum facit. urbēs magnificās aedificat. Iūlius Caesar multās terrās superāvit, sed Augustus plūrēs terrās quam pater superat. 10
Augustus omnibus cīvibus spem fert."

"fortasse," inquit Pontia, "sed quid tū dīxistī? vōsne cōnsilium habētis?"

"heri," inquit Lūcīlia, "nōs ad forum ambulāvimus. ibi raedam et equōs condūximus. nōs nūntium ad portum Gādītānum mīsimus. 15
ibi nunc nāvis nōs exspectat. nōs ad urbem Rōmam redīmus."

"vōs ad urbem Rōmam redītis?" rogāvit Pontia attonita.

"nōs trēs redīmus," respondit Lūcius. "tū nōbīscum venī!"

Pontia, postquam Lūcium audīvit, erat laetissima…et iterum lacrimāvit. 20

MEANINGS

per multōs diēs	*for many days*
in vīllā	*in the (big) house*
manēbat: maneō	*stayed*
abigēbat: abigō	*would drive away*
vītābat: vītō	*would avoid*
sōla	*alone*
cōnsilium	*a plan*
īnfēlīx	*unlucky*
vīta	*life*
miserrima	*very wretched*
spem: spēs	*hope*
fert	*brings*

imperium	*an empire*
magnificās: magnifica	*magnificent*
plūrēs: plūrēs	*more (comparative of* multae*)*
quam	*than*
cīvibus: cīvis	*to citizens*
fortasse	*perhaps*
condūximus: condūcō	*we rented*
nūntium: nūntius	*a messenger*
Gādītānum: Gādītānus	*of Gades (Cádiz)*
redīmus	*(we) are going back*
redītis	*(you (plural)) are going back*
nōbīscum = cum nōbīs	*"with us"*
laetissima	*very happy (superlative of* laeta*)*
iterum	*again*

Pontia ordered her affairs in Emerita Augusta. In the late summer of A.D. 10, she traveled with Lucius and Lucilia to Rome, to live with her relatives. Lucius and Lucilia returned to their father's house on the Quirinal hill. They were welcomed by the household slaves who had been looking after the house. Chief among them was Celtillus, who asked sadly about his runaway son, Cernunnus.

Lucius and Lucilia greatly missed Rubrius, Iunia, baby Rubria, and especially their beloved old nurse, Specla, in Lugdunum, but the winter storms were fast approaching. Lucius and Lucilia could not risk a winter sea voyage from Ostia to Massilia, so they would wait until the spring to travel to Gallia.

In the meantime, Lucius was well on his way to becoming a successful businessman, and a good imperial official like his father. He wrote a detailed letter to Rubrius, describing what he had been doing.

62 Lūcius ad patrem

Lūcius, postquam ad urbem Rōmam revēnit, epistulam ad patrem scrīpsit.

"nōs ad vīllam nostram nunc revēnimus. Herculēs nōs excēpit laetus. Celtillus tamen erat sollicitus, quod Cernunnus effūgit. diū tacēbat, postquam nōs eī rem nārrāvimus. Celtillus fīlium valdē amat.   5

"nōs, postquam ad portum Ōstiēnsem advēnimus, Pontiae valedīximus. illa familiārēs nunc vīsitat. vōs (tū et māter) epistulam benīgnam dē Petīliō scrīpsistis. nōs epistulam accēpimus, postquam ad portum Gādītānum advēnimus. Pontia vōbīs grātiās agēbat, quod vōs eī tantam benīgnitātem ostendistis.   10

"colōnia Ēmerita Augusta est pulchra. Augustus mīlitibus veterānīs benīgnitātem magnam ostendit. nōs Petīlium laudāvimus, quod pontem et mōlem splendidam aedificāvit. tū nostram nūtrīcem Speclam laudā, quod patria Hispānia est pulcherrima!

"urbs Rōma est turbulenta, sed vīlla placida. Rubria nōn vāgit.   15
Gāius per ātrium nōn currit. nōs tamen vīllulam nostram in colōniā Lugdūnō cupimus. māterne coquum nostrum cūrat? num Gedomo velut Cernunnus effūgit? pūblicānīne tibi annōnam trādunt? num Parisiī frūmentum recūsant?

"nōs ad prōvinciam Galliam Lugdūnēnsem nunc nōn revenīmus,   20
quod hiems appropinquat. nāvigātiō est perīculōsa. procellās timēmus. mēnsem Māiam igitur exspectāte! intereā vōs omnēs amīcissimē salūtāmus. valēte!"

Lūcius canī epistulam ostendit. Herculēs lātrāvit. Lūcius et Lūcīlia rīsērunt.   25

MEANINGS

excēpit: excipiō	*welcomed*
sollicitus	*worried*
eī: is	*to him*
valedīximus: valedīcō	*(we) said goodbye*
illa	*that one, she*
familiārēs: familiāris	*family members*
benīgnam: benīgna	*kind-hearted*
dē Petīliō	*about Petilius*
accēpimus: accipiō	*(we) received*
eī: ea	*to her*
tantam: tanta	*so much*
benīgnitātem: benīgnitās	*kindness*
pulchra	*beautiful*
veterānīs: veterānus	*to (his) veterans*
patria	*her homeland*

pulcherrima	*very beautiful (superlative of* pulchra*)*
turbulenta	*noisy*
placida	*quiet*
per ātrium	*through the atrium*
vīllulam: vīllula	*little house*
in colōniā Lugdūnō	*in the colony (of) Lugdunum*
cūrat	*is looking after*
num?	*surely not? (word indicating question to be answered "No!")*
Parisiī: Parisius	*the Parisians*
recūsant	*are refusing*
prōvinciam: prōvincia	*the province*
hiems	*winter*
appropinquat: appropinquō	*is approaching*
perīculōsa	*dangerous*
mēnsem: mēnsis	*the month*
Māiam: Māia	*of May*
intereā	*meanwhile*
amīcissimē	*very warmly*
valēte!	*farewell! goodbye!*

Key Words

1
pronouns (plural) subjects	nouns (plural) indirect objects	nouns (singular) direct objects	verbs (plural) perfect tense
nōs	**auguribus**	**flōrem**	**commemorāvimus**
vōs	**fabrīs**	**lectum**	**commemorāvistis**
	sacerdōtibus	**pompam**	**iēcimus**
		sermōnem	**iēcistis**
		spem	**aedificāvimus**
		urbem	**aedificāvistis**
			īnspeximus
			īnspexistis

2 Translate the following noun-adjective pairs:

epistula pulcherrima   illa mors īnfēlīx
marītus mortuus   hortus vester

3 Which of the following words describe something we can touch?

caelum   corpus   oppidum   sōlācium

4 On a piece of paper, label two columns, (1) *first person plural perfect verb* (**nōs**), and (2) *second person plural perfect verb* (**vōs**). Then write each of the verb forms below in the appropriate column and then translate them.

gessistis, incessimus, necāvimus, prōcessistis, rediimus, vāgīvistis, valedīximus, prōcessimus, rediistis, valedīxistis, vāgīvimus, necāvistis, incessistis, gessimus.

5 Study the following Key Words in Chapter XII: diū, fortasse, intereā, māne, nihil, num?, sollemniter, trēs, valē!, valēte!, velut.

6 Translate the following sentences:

1 Lūcius et Lūcīlia cum Pontiā ad Urbem nāvigāvērunt.
2 deinde marītus iuvenis et uxor Pontiae, "valē!" dīxērunt.
3 "ego vōbīs grātiās agō, quod cum mē ad Urbem vēnistis," inquit Pontia. "vōs mihi multum sōlācium dedistis."
4 "nōs etiam tibi multās grātiās agimus, quod nōbīs tantam benīgnitātem ostendistī," inquiunt Lūcius et Lūcīlia. "valē, cārissima amīca!"
5 "valēte, cārissimī amīcī," respondit Pontia, et ad familiārēs suās discessit.

DERIVATIVES

English: infelicitous, pulchritude, valedictorian, marry
French: sacerdoce, mari, valétudinaire, infélicité
Spanish: infeliz, sacerdote, pulcro, valetudinario, sermón, marido.

Complete Word Meanings

Nouns and adjectives are usually listed in their nominative form (singular or plural) and accusative forms.

Verbs are usually listed in the first person singular forms of the present tense. First person singular forms of the perfect tense are given after the English meaning.

Words with asterisks (*) are Key Words from Book I. Words with two asterisks (**) are from Book II.

a

ā, ab   *from*
abhinc annum ūnum   *one year ago*
abigō   *drive away, drive off:* abēgī
accidit   *happened:* accidit *(happens)*
accipiō   *receive:* accēpī
āctor: āctōrem   *actor*
ad   *to, towards*
addidit   *added:* addit *(adds)*
adsum   *be present:* aderam *(imperfect)*
**adveniō   *arrive:* advēnī
adventus: adventum   *arrival*
**aedificō   *build:* aedificāvī
age!   *make!*
ager: agrum   *field, countryside*
**agitō   *chase:* agitāvī
agnōscō   *recognize*
**agō   *do, make, give*
agricola: agricolam   *farmer*
Marcus Vīpsānius Agrippa   *Agrippa (full name of)*
alia   *other, another*
aliae rēs: aliās rēs   *other things*
**aliī: aliōs   *other(s)*
aliīs   *to others (see* aliī)
alta: altam   *high*
**alter: alterum   *another, a second*
altera: alteram   *another, a second*
alumna: alumnam   *foster daughter*
*ambulō   *walk:* ambulāvī
amīcissimē   *very warmly*
**amīcus: amīcum   *friend*
**āmittō   *lose:* āmīsī
**amō   *feel affection, love:* amāvī
amphitheātrum   *amphitheater*
Anas: Anatem   *Anas (river)*
*ancilla: ancillam   *slave woman*
annōna: annōnam   *grain-levy, grain-tax*
annus: annum   *year*
ante   *in front of*
anthrōpophagus: anthrōpophagum   *cannibal*
antīqua: antīquam   *ancient*
**antīquus: antīquum   *ancient*
anxius   *anxiously*
aperiō   *open:* aperuī

appropinquō   *approaches, is approaching:* appropinquāvī
aqua: aquam   *water*
āra: āram   *altar*
arcessīvī   *sent for:* arcessō *(send for)*
arēna: arēnam   *sand, beach*
assēnsit   *agreed:* assentit *(agrees)*
ātrium   *reception room, atrium*
*attonitus: attonitum   *surprised*
*audiō   *hear:* audīvī
Augustus: Augustum   *Augustus*
auxilium   *help*
avē atque valē!   *hail and farewell!*

b

bene   *well (adverb)*
benīgna: benīgnam   *kind-hearted*
benīgnitās: benīgnitātem   *kindness*
benīgnus: benīgnum   *kind-hearted*
bēstiae: bēstiās   *beasts*
bibō   *drink:* bibī
bombilō   *whine:* bombilāvī
bonae: bonās   *good*
bonus: bonum   *good*
**bovēs: bovēs   *cattle*
bovēs Gēryonis: bovēs Gēryonis   *cattle of Geryon*
brevis: brevem   *brief, short*
**bulla: bullam   *a protective charm, bulla*

c

**caelum   *sky*
**caeruleī: caeruleōs   *dark blue (plural)*
Caesar   *Caesar*
caligulae: caligulās   *little boots*
callidī: callidōs   *clever*
**canis: canem   *dog*
**cantō   *sing:* cantāvī
**capiō   *take:* cēpī
**caprī: caprōs   *billy-goats*
carcer: carcerem   *prison*
cārissima: cārissimam   *very dear*
casa: casam   *hut*
caupōna: caupōnam   *inn, tavern*
cecidit   *fell:* cadit *(falls)*

celeriter   *quickly*
cēna: cēnam   *dinner*
cēpērunt   *they took:* capiunt *(take)*
cēpit   *took:* capit *(takes)*
cēterī: cēterōs   *the rest of*
**cibus: cibum   *food*
circum cubiculum   *around the room*
cīvibus   *to, for the citizens (see* cīvis*)*
cīvis: cīvem   *citizen*
*clāmō   *shout:* clāmāvī
**clāmōrēs: clāmōrēs   *shouts*
clāvēs: clāvēs   *keys*
clēmentia: clēmentiam   *mercy*
cōgitō   *think:* cōgitāvī
collēgērunt   *they collected:* colligunt *(collect)*
**colōnia: colōniam   *colony, settlement*
columnae: columnās   *columns*
**commemorō   *remember:* commemorāvī
conclāmātiō: conclāmātiōnem   *(ritual) final call*
condō   *establish, found:* condidī
condūximus   *we rented:* condūcimus *(we rent)*
cōnscendō   *climb on, climb up:* cōnscendī
cōnsēnsit   *agreed:* cōnsentit *(agrees)*
cōnsilium   *plan*
cōnspexit   *caught sight of:* cōnspicit *(catches sight of)*
**cōnspiciō   *catch sight of:* cōnspexī
cōnsuluērunt   *they consulted:* cōnsulunt *(consult)*
**cōnsūmō   *consume, eat, devour:* cōnsūmpsī
convellērunt   *they tore up:* convellunt *(tear up)*
**coquus: coquum   *cook*
**corpus: corpus   *body*
coxit   *cooked:* coquit *(cooks)*
crīnēs: crīnēs   *hair, braids*
**cubiculum: cubiculum   *bedroom*
**culicēs: culicēs   *gnats*
culīna: culīnam   *kitchen*
cum   *with*
**cupiō   *want:* cupīvī
currō   *run:* cucurrī
custōdiēbat   *was guarding:* custōdit *(guards)*
**cur   *why?*
cūrat   *is looking after*

d

dē   *about*
dē Parisiīs et cēterīs populīs Gallicīs *about the Parisians and the rest of the Gaulish tribes*
**deinde   *then, next*
dēdūcō   *escort:* dēdūxī
dēlectō   *delight:* dēlectāvī
dēliciae meae!   *my darling!*
dēmulsit   *stroked:* dēmulcet *(strokes)*
dērīdeō   *make fun of:* dērīsī
dēscrībe!   *describe!*

*deus: deum   *a god*
dextra: dextram   *right (hand)*
*dīcō   *say:* dīxī
dictō   *dictate:* dictāvī
diēs: diem   *day*
difficile   *difficult, hard*
**dīligenter   *diligently*
**discēdō   *go away:* discessī
discessērunt   *they went away:* discēdunt *(go away)*
discessit   *went away, departed:* discēdit *(goes away)*
discessus: discessum   *the departure*
**diū   *for a long time*
dīvitēs: dīvitēs   *rich (plural)*
dīxit sibi   *said to himself*
**dō   *give:* dedī
domina: dominam   *mistress*
*dominus: dominum   *owner, master*
*dormiō   *sleep:* dormīvī
*dūcō   *lead:* dūxī
**duo: duōs   *two*
dūrior: dūriōrem   *tougher (comparative of* dūra*)*
*dux: ducem   *leader*

e

ē, ex   *out of*
**ea: eam   *she:* eam *her*
eae: eās   *they (feminine):* eās *them*
ecce!   *look!*
effugiō   *escape, run away:* effūgī
ego   *I*
ēheu!   *oh dear!*
eī   *to her (see* ea *she)*
eī: is   *to him (see* is *he)*
eī: eōs   *they (masculine or both genders combined):* eōs *them*
ēia vērō!   *oh yes! no doubt!*
eīs   *to them (see* eī *they)*
ēlātus   *elated, enthusiastic*
ēmit   *bought:* emit *(buys)*
**epistula: epistulam   *letter*
equitāvit   *rode (the horse):* equitat *(rides)*
**equus: equum   *horse*
erat   *was (imperfect):* sum *(am)*
erāmus   *we were (imperfect):* sumus *(are)*
ērigō   *erect:* ērēxī
es   *(you (singular)) are: see* sum
est   *is: see* sum
est   *there is*
estis   *(you (plural)) are: see* sum
estō!   *be!*
et   *and*
**etiam   *even, also*
*euge!   *hurrah!*
is: eum   *he:* eum *him*

ēvītāvērunt   *they avoided:* ēvītant *(avoid)*
ex ātriō   *out of the atrium*
ex urbe Massiliā   *out of the city (of) Massilia*
exanimātus   *unconscious*
excēpit   *welcomed:* excipit *(welcomes)*
excitāvit   *woke up:* excitat *(wakes up)*
**exclāmāvērunt   *they shouted:* exclāmant *(shout)*
exeunt: exeō   *they go out*
explicō   *explain:* explicāvī
exsequiae: exsequiās   *funeral ceremony*
exspectō   *wait for:* exspectāvī

f

**faber: fabrum   *engineer*
fabrī: fabrōs   *engineers*
**fābula: fābulam   *story, play*
**faciō   *make, do:* fēcī
**familia: familiam   *family*
familiārēs: familiārēs   *family members (and slaves)*
fēcērunt   *they did, made:* faciunt *(do, make)*
fēcit   *did, made:* facit *(does, makes)*
fēlīcēs: fēlīcēs   *lucky (plural)*
fēlīcissima   *very lucky, very happy (superlative of* fēlīx*)*
**fēlīciter   *good luck!*
fēmina: fēminam   *woman*
fēminīs   *to the women (see* fēmina*)*
**ferō   *bring:* tulī
ferōcēs: ferōcēs   *fierce (plural)*
fert   *brings (see* ferō*)*
fessī: fessōs   *tired (plural)*
**festīnō   *hurry:* festīnāvī
fidēlēs: fidēlēs   *loyal (plural)*
fīlia: fīliam   *daughter*
*fīlius: fīlium   *son*
flammae: flammās   *flames*
**flammeum   *bridal veil*
**flōs: flōrem   *flower*
flōrēs: flōrēs   *flowers*
flūmen: flūmen   *river*
fortis: fortem   *brave*
fortēs: fortēs   *brave (plural)*
fortior   *braver (comparative of* fortis*)*
*fortiter   *bravely, loudly*
forum   *civic center, forum*
fossae: fossās   *(battle) trenches*
*frāter: frātrem   *brother*
frīxit   *fried:* frīgit *(fries)*
frūmentum   *grain*
fūdit   *poured:* fundit *(pours)*
fūgērunt   *they fled:* fugiunt *(flee)*
fugiō   *flee, run away:* fūgī
fūnebris: fūnebrem   *funereal*
furcifer!   *crook!*
fūnus   *funeral*
*fūstis: fūstem   *stick*

g

Gādītānus: Gādītānum   *of Gades, Gaditanian*
Gāia   *Gaia, "your Jill"*
Gāius   *Gaius, "my Jack"*
Gallī: Gallōs   *the Gauls*
Gallia: Galliam   *Gaul*
Gallicus: Gallicum   *from Gaul, Gallic, Gaulish*
gaudeō   *be glad*
gener: generum   *son-in-law*
Germānī   *the Germans*
Germānica: Germānicam   *in Germany*
**gerō   *wear:* gessī
gigantēs: gigantēs   *giants*
gladiātor: gladiātōrem   *gladiator*
Graeca   *from Greece, Greek*
Graecus   *from Greece, Greek*
gravissimus   *very heavy*
**grātiās agō   *give thanks, thank:* grātiās ēgī
grātiās ēgērunt   *they gave thanks, thanked:* grātiās
   agunt *(thank)*
**gustō   *taste:* gustāvī

h

*habeō   *have:* habuī
**habitō   *live (in):* habitāvī
**haec: hanc   *this (feminine)*
hanc   *this (see* haec*)*
**haruspex: haruspicem   *soothsayer, haruspex*
hasta: hastam   *spear*
**heri   *yesterday*
heus   *ho there!*
**hī: hōs   *these (masculine)*
**hic: hunc   *this (masculine)*
hīc   *here*
hiems: hiemem   *winter*
Hispānia: Hispāniam   *Hispania*
Hispānicus: Hispānicum   *of Hispania, Hispanic*
**hoc   *this (neuter)*
hodiē   *today*
hominēs: hominēs   *persons, people*
hōrae: hōrās   *hours*
horreum: horreum   *granary*
hortus: hortum   *garden*
hōs   *these (see* hī*)*
**hospitēs: hospitēs   *guests*
hostēs: hostēs   *enemies*
hūc   *to this place, here*
humus: humum   *soil, dirt*
hunc   *this (see* hic*)*

i

iacēbat   *was lying (down):* iacet *(lies (down))*
iaciēbant   *they kept throwing:* iaciunt *(throw)*
**iaciō   *throw:* iēcī

iam *by now*
iānua: iānuam *door*
ībant *they went (imperfect):* eunt *(go)*
**ibi *there*
idem *the same*
iēcērunt *they threw:* iaciunt *(throw)*
igitur *therefore*
ignāvī: ignāvōs *cowardly (plural)*
**illa: illam *that, that one, she*
illam *that (see* illa*)*
**ille: illum *that, that one, he*
illum *that (see* ille*)*
imber: imbrem *rain*
imperātor: imperātōrem *emperor*
imperium: imperium *empire*
impluvium: impluvium *open cistern, pool (in the atrium)*
in *in, on, into, onto*
**incēdō *march, am marching:* incessī
incendērunt *they set fire to:* incendunt *(set fire to)*
incendō *set fire to:* incendī
incessērunt *they marched:* incēdunt *(march)*
incitō *urge on:* incitāvī
incognita: incognitam *unknown*
incolumēs: incolumēs *safe(ly) (plural)*
incolumis: incolumem *safe*
induit *put on:* induit *(puts on)*
*īnfāns: īnfantem *baby*
īnfēlīciōrēs: īnfēlīcior *unluckier (comparative of* īnfēlīcēs*)*
īnfēlīcissimus *very unlucky (superlative of* īnfēlīx*)*
**īnfēlīx: īnfēlīcem *unlucky*
īnfestī: īnfestōs *dangerous (plural)*
īnfirmus: īnfirmum *infirm, weak*
īnflābant *they were inflating, were puffing out:* īnflant *(inflate)*
ingentēs: ingentēs *huge (plural)*
**inquit *says, said*
īnscrīptum *inscribed*
īnsidiae: īnsidiās *ambush(es)*
**īnspiciō *inspect, examine:* īnspexī
**īnsula: īnsulam *island*
**intereā *meanwhile*
interpellāvit *interrupted:* interpellat *(interrupts)*
*intrō *enter:* intrāvī
intulērunt *they brought in:* īnferunt *(bring in)*
**inveniō *find:* invēnī
invītō *invite:* invītāvī
iocī: iocōs *jokes*
īrātē *angrily*
*īrātissimus: īrātissimum *very angry (superlative of* īrātus*)*
**is: eum *he:* eum *him*

**ita vērō! *yes!*
iter *trip*
**iter faciō *make a trip, travel:* iter fēcī
iterō *repeat:* iterāvī
iterum *again*
Iūlius Caesar: Iūlium Caesarem *Iulius (Julius) Caesar*

l

labōr: labōrem *effort, work*
labōrābant *they were working:* labōrant *(are working)*
**labōrō *work:* labōrāvī
lacrima: lacrimam *tear*
*lacrimō *weep, cry:* lacrimāvī
**lacus: lacum *lake*
Laestrȳgones *the Laestrygonians*
laetē *happily*
laetissima *very happy (superlative of* laeta*)*
*laetus *happy*
lambit *licked:* lambit *(licks)*
**lāna: lānam *wool*
larārium: larārium *shrine of the Lares*
**larēs: larēs *the Lares*
**latrō: latrōnem *bandit*
**laudō *praise:* laudāvī
lāvērunt *they washed:* lavant *(wash)*
**lectus: lectum *couch*
legiōnēs: legiōnēs *legions, divisions (of the Roman army)*
lentē *slowly*
leōnēs: leōnēs *lions*
leviōrēs: leviōrēs *more unreliable (comparative of* levēs*)*
lēgātus: lēgātum *general*
līberālis: līberālem *liberal, generous*
līberī: līberōs *children*
lībertās: lībertātem *liberty, freedom*
līmen: līmen *threshold*
**lingua: linguam *tongue, language*
linter: lintrem *(river) barge*
**longa *long*
longae: longās *long (plural)*
loquācior *more talkative (comparative of* loquāx*)*
Lugdūnēnsis *in Lugdunum, Lugdunensian*
Lugdūnum *Lugdunum*
lūdēbant *they were playing:* lūdunt *(play)*
lūnula: lūnulam *small charm (shaped like a moon (*lūna*))*
Lūsitānia: Lūsitāniam *Lusitania*

m

*maestus: maestum *sad*
magnifica: magnificam *magnificent*

magnificae: magnificās   *magnificent (plural)*
*magnus: magnum   *large, big*
Māia: Māiam   *of May*
māior: māiōrem   *bigger (comparative of* magna)
māior: māiōrem   *bigger (comparative of* magnus)
mālī: mālōs   *apple trees*
mālus: mālum   *mast*
**māne   *early (in the morning)*
maneō   *stay (behind):* mānsī
manus dextra: manum dextram   *right hand*
Marcus Vīpsānius Agrippa   *Agrippa (full name of)*
**mare   *sea*
marīte cārissime!   *dearest husband!*
marītō   *to (her) husband (see* marītus)
**marītus: marītum   *husband*
Massilia: Massiliam   *Massilia*
*māter: mātrem   *mother*
**mātrimōnium: mātrimōnium   *marriage (ceremony)*
**maximae: maximās   *very big (plural)*
mē   *me (see* ego)
mea: meam   *my*
medicus: medicum   *doctor*
meī: meōs   *my (plural)*
memoria: memoriam   *memory*
mēnsis: mēnsem   *month*
*mercātor: mercātōrem   *merchant*
meus: meum   *my, mine*
meum   *my (see* meus)
mihi   *to me (see* ego)
*mīles: mīlitem   *soldier*
**minimē!   *no!*
minor: minōrem   *smaller (comparative of* parva)
minōrī   *to (his) smaller (comparative of* parvō),
   younger
minus   *less*
miserrima: miserrimam   *very wretched*
mīsit   *sent:* mittit *(sends)*
molesta: molestam   *upsetting*
molestus: molestum   *upsetting*
**mors: mortem   *death*
**mortuus   *dead*
**mox   *soon*
**mōlēs: mōlem   *dam*
mūliōnēs: mūliōnēs   *mule-drivers*
mūliōnibus   *to the mule-drivers (see* mūliōnēs)
mūlī: mūlōs   *mules*
**multae: multās   *many (plural)*
multa: multam   *much*
multae rēs: multās rēs   *many things*
*multī: multōs   *many*
*multum   *much, a lot of (neuter)*
mūrēs: mūrēs   *mice*
mūrī: mūrōs   *walls*
**mustāceus: mustāceum   *wedding cake*

n

nārrā!   *narrate, tell!*
nārrō   *tell, am telling:* nārrāvī
**nautae: nautās   *sailors*
**nāvigātiō: nāvigātiōnem   *the sailing, voyage*
**nāvigō   *sail, am sailing:* nāvigāvī
*nāvis: nāvem   *ship*
**-ne   *(suffix indicating an open question)*
**necō   *kill:* necāvī
nesciēbātis   *you (plural) did not know:* nescītis *(do not know)*
nexit   *tied:* nectit *(ties)*
**nihil   *nothing*
nimis   *excessively*
nōbile   *noble, well known*
nōbīs   *to, for us (see* nōs)
nōbīscum   = cum nōbīs *"with us"*
noctū   *by night*
**nōdus Herculāneus: nōdum Herculāneum   *knot of Hercules*
nōlī dēspērāre!   *don't give up hope!*
nōlī mittere!   *don't send!*
**nōmen   *name*
nōnne?   *surely? (word indicating question to be answered "Yes!")*
nōs: nōs   *we*
noster: nostrum   *our*
nostra: nostram   *our*
nox: noctem   *night (time)*
nūbēs: nūbēs   *clouds*
nūllae: nūllās   *not any, no*
nūllī: nūllōs   *not any, no*
nūllum   *not any, no (neuter)*
**num?   *surely not? (word indicating question to be answered "No!")*
numerō   *count:* numerāvī
numquam   *never*
*nunc   *now*
nūntiāvit   *announced:* nūntiat *(announces)*
nūntius: nūntium   *messenger*
nūpta: nūptam   *bride*
nūptiae: nūptiās   *nuptials, wedding*
nūsquam   *nowhere*
*nūtrīx: nūtrīcem   *nurse*

o

ō Lūcī!   *oh Lucius!*
ō mē laetissimam!   *oh happy, happy me!*
ō mē laetissimum!   *oh happy, happy me!*
ō mē miseram!   *oh wretched me!*
ō mē miserrimum!   *oh wretched, wretched me!*
obēsī: obēsōs   *plump (plural)*
obēsus: obēsum   *plump*
obscūrum   *dark*

**occupātus: occupātum   *busy*
offerēbat   *kept offering:* offert *(offers)*
offerimus   *we offer*
**ōmen   *prediction, omen*
**omnēs: omnēs   *all (of them), everybody*
**oppidum   *town*
optimae: optimās   *very good (superlative of* bonae)
optimē   *very well*
optimī: optimōs   *very good (superlative of* bonī)
ōrnō   *dress, fit out*
ostendit   *showed:* ostendit *(shows)*
**ostendō   *show:* ostendī
Ōstiēnsis: Ōstiēnsem   *harbor at Ostia*

p
**paene   *almost*
Parisiī: Parisiōs   *the Parisian tribespeople, Parisians*
Parisiī: Parisiōs   *of the Parisian tribespeople, Parisian (plural)*
Parisius: Parisium   *of the Parisian tribespeople, Parisian (singular)*
**parō   *prepare, get ready:* parāvī
parodos: parodon   *side entrance*
*pater: patrem   *father*
patria: patriam   *homeland*
paucī: paucōs   *a few*
**pecūnia: pecūniam   *money*
per   *through*
perīculōsa: perīculōsam   *dangerous*
perīculōsae: perīculōsās   *dangerous (plural)*
peristȳlium   *garden surrounded by a colonnade of pillars, peristyle*
**perterrita: perterritam   *terrified*
perterritus: perterritum   *terrified*
pessimum   *very bad (superlative of* malum)
pessimus: pessimum   *very bad*
pestēs!   *rascals!*
pestis!   *rascal!*
petō   *seek, go after, search for, ask for:* petīvī
Petīlī!   *Petilius!*
**pila: pilam   *a (playing) ball*
**piscātor: piscātōrem   *fisherman*
**piscēs: piscēs   *fish (plural)*
piscēs salsī: piscēs salsōs   *salted (dried) fish*
placida: placidam   *quiet*
**plaudō   *applaud:* plausī
plausērunt   *they applauded:* plaudunt *(applaud)*
plaustrum: plaustrum   *wagon*
plūrēs: plūrēs   *more (comparative of* multae)
pōculum: pōculum   *cup*
**pompa: pompam   *parade, procession*
*pōnō   *put:* posuī
**pōns: pontem   *bridge*
**populī: populōs   *peoples, tribes*

populīs   *to (the) tribes, peoples (see* populī)
*portō   *carry:* portāvī
**portus: portum   *harbor*
post   *behind, after*
posteā   *afterwards*
**postquam   *after (conjunction)*
postrēmō   *finally, last of all*
**postrīdiē   *on the next day*
postulō   *demand:* postulāvī
posuit   *put:* pōnit *(puts)*
potentēs: potentēs   *powerful (plural)*
potentiōrēs: potentiōrēs   *more powerful (comparative of* potentēs)
**prex: precem   *prayer*
precēs: precēs   *prayers*
pretiōsae: pretiōsās   *precious (plural)*
prīmum   *first (adverb)*
**prōcēdō   *advance:* processī
**procellae: procellās   *stormwinds*
prō   *in front of*
prōcessērunt   *advanced, went on:* prōcēdunt *(advance)*
procul   *far away*
prōcūrātor Augustī   *finance officer of Augustus, procurator*
prōmittō   *promise:* prōmīsī
prope   *near*
proximī: proximōs   *nearest (superlative from* prope)
prōvincia: prōvinciam   *province*
psitaccus: psitaccum   *parrot*
pūblicānī: pūblicānōs   *publicans, tax-collectors*
pūblicānus: pūblicānum   *publican, tax-collector*
Publius Carisius   *Publius Carisius*
*puella: puellam   *girl*
*puer: puerum   *boy*
puer!   *boy! (vocative)*
*pugnō   *fight:* pugnāvī
**pulcherrima: pulcherrimam   *very beautiful (superlative of* pulchra)
**pulcherrimus: pulcherrimum   *very beautiful (superlative of* pulcher)
pulchra: pulchram   *beautiful, pretty*
pulchrior: pulchriōrem   *more beautiful (comparative of* pulcher)
*pulsō   *hit:* pulsāvī
**pūpa: pūpam   *doll*
pūrum   *plain*
putās   *you (singular) think*
pūtēscunt   *they get rotten*

q
quaere!   *look for! (imperative singular)*
quaerō   *look for:* quaesīvī
quam   *than (after comparative)*
quī hominēs?   *what people?*

**quid? *what?*
quis? *who?*
**quod *because*
quondam *once*
**quoque *also*

r

**raeda: raedam *(four-wheeled) carriage*
rāna: rānam *frog*
rapidī: rapidōs *tearing, whirling (plural)*
**rapiō *steal, snatch, rustle:* rapuī
recūsant *they are refusing*
redde! *give back! (singular)*
**reddō *give back, be giving back:* reddidī
**redeō *go back, be going back:* rediī
relīquit *left behind:* relinquit *(leaves behind)*
remaneō *stay behind:* remānsī
requīrēbam *I required, needed (imperfect)*
**rēs: rem *thing, object, matter, story*
*respondeō *reply, answer:* respondī
retineō *keep:* retinuī
revenī! *come back! (singular)*
**reveniō *come back:* revēnī
Rhodanus: Rhodanum *Rhodanus (river)*
*rīdeō *laugh:* rīsī
**rogō *ask:* rogāvī
Rōma: Rōmam *Rome*
*Rōmānī: Rōmānōs *Roman (adjective)*
Rōmānī: Rōmānōs *the Romans*
rudō *bray:* rudīvī
rūpēs: rūpēs *cliffs*

s

saccī: saccōs *sacks*
**sacerdōs: sacerdōtem *priest*
sacerdōtēs: sacerdōtēs *priests*
sacrificium: sacrificium *sacrifice*
saepe *often*
*saliō *jump:* saluī
salsī: salsōs *salted (plural)*
salsus: salsum *salted*
saluit *jumped:* salit *(jumps)*
**salūtō *greet:* salūtāvī
**salvē! *hello! (singular)*
**salvēte! *hello! (plural)*
sarcinae: sarcinās *bundles, baggage*
*scrībō *write:* scrīpsī
sed *but*
*sedeō *sit:* sēdī
semper *always*
**senex: senem *old man*
senī *to (the) old man (see* senex)
sepulcrum: sepulcrum *tomb*
**sermō: sermōnem *conversation*

servāvit *saved:* servat *(saves)*
*servus: servum *slave*
sex *six*
sē *himself*
sīc *thus*
significant *they signify, mean*
simulāc *as soon as*
**sōlācium: sōlācium *solace, comfort*
**sollemniter *solemnly*
sollicitus: sollicitum *worried*
somniō *dream:* somniāvī
somnium *a dream*
sordidātī: sordidātōs *in mourning clothes*
sōla: sōlam *alone*
sōlus: sōlum *alone*
spargēbant *were scattering:* spargunt *(are scattering)*
spectābat *was facing:* spectat *(faces)*
spectātor: spectātōrem *spectator, bystander*
*spectō *look at:* spectāvī
**spēs: spem *hope*
splendidior: splendidiōrem *more splendid
(comparative of* splendida)
**splendidus: splendidum *splendid*
statim *at once*
statuae: statuās *statues*
stega: stegam *(boat) cabin*
*stō *stand:* stetī
stomachus: stomachum *stomach, belly*
*stultus: stultum *stupid*
sua: suam *her (own), his (own)*
**suāviter *sweetly*
**sum *am:* eram *was (imperfect)*
summersērunt *sank:* summergunt *(sink)*
sumus *(we) are (see* sum)
sunt *they are, have been (see* sum)
super *above*
superō *conquer:* superāvī
surrēxērunt *they got up:* surgunt *(get up)*
**suus: suum *his (own)*

t

tablīnum *a study*
*taceō *be silent:* tacuī
**tam *so (with adjectives and adverbs)*
tam...quam *as...as*
tamen *however*
**tandem *finally*
tanta: tantam *so much*
tantum *so much*
tē *you (singular) (see* tū)
**templum *temple*
*teneō *hold:* tenuī
ter *three times*
terra: terram *land*

terrae: terrās *lands*
**terreō *frightens, am frightening:* terruī
**theātrum *theater*
tibi *(to) you (singular) (see* tū*)*
tībīcinēs: tībīcinēs *flute-players*
timeō *I am afraid of*
timeō *I am frightened*
Titus Volconius Petīlius:Titum Volconium Petīlium
  Petilius *(full name of)*
toga praetexta: togam praetextam *toga with purple
  border*
**toga: togam *wool mantle, toga*
tollēbant *were raising:* tollunt *(are raising)*
**tōta: tōtam *(the) whole*
**trahō *drag:* trāxī
trādidit *handed over:* trādit *(hands over)*
tranquillē *quietly*
trāns *across*
tremēns *trembling*
**trēs *three*
**triclīnium *dining room*
tū: tē *you (singular)*
tulit *brought:* fert *(brings)*
**tum *then*
tunica rēcta: tunicam rēctam *a long tunic*
turbulenta: turbulentam *noisy*
**tuus: tuum *your (singular)*

u
**ubi *when (conjunction)*
ubi *where (relative adverb)*
ubi? *where?*
Ulixēs: Ulixem *Ulysses*
ūna: ūnam *one*
**undae: undās *waves*
unde *from where*
unguentum: unguentum *perfumed oil*
**ūnus: ūnum *one*
Urbs: Urbem *the City, Rome*
**urbs: urbem *city*
ursae: ursās *bears*
ūtilissima: ūtilissimam *very useful (superlative of
  ūtilis)*
**ūtilissimī: ūtilissimōs *very useful (plural)*
**uxor: uxōrem *wife*
ūvae: ūvās *grapes*

v
**vāgiō *cry:* vāgīvī
vah! *ugh!*
**valdē *very, very much*

**valē! *farewell! goodbye! (singular)*
**valedīcō *say goodbye:* valedīxī
**valēte! *farewell! goodbye! (plural)*
Vārus: Vārum *Varus*
vēlum *a sail*
**velut *just as, like*
vēnāliciī: vēnāliciōs *slave-sellers*
vēnālicius: vēnālicium *slave-seller*
vēnātio: vēnātiōnem *a hunt*
vēndō *sell:* vēndidī
venī! *come! (singular)*
**veniō *come:* vēnī
vēnit *came:* venit *(comes)*
venīte! *come! (plural)*
ventī: ventōs *winds*
Vercingetorix: Vercingetorigem *Vercingetorix*
verna: vernam *slave (born in the master's house)*
vernae *to the slave (born in the master's house)*
**vester: vestrum *your (plural)*
vestiēbant *were dressing:* vestiunt *(are dressing)*
vestra: vestram *your (plural)*
vestrae: vestrās *your (plural)*
vestrō *to your (plural) (see* vester*)*
vestrum *your (plural) (see* vester*)*
veterānī: veterānōs *veterans (plural)*
veterānīs: veterānī *to, for (his) veterans (plural)*
**vexō *vex, annoy:* vexāvī
via: viam *road*
viātōrēs: viātōrēs *travelers*
vibrābat *kept shaking:* vibrat *(shakes)*
victī: victōs *conquered (plural)*
**vīcus: vīcum *village*
*videō *see:* vīdī
vīlicus: vīlicum *farm-manager*
vīlla: vīllam *(big) house*
vīllula: vīllulam *little house*
**vīnum *wine*
**vir: virum *man*
virī: virōs *men*
*vīsitō *visit:* vīsitāvī
vīta: vītam *life*
vītō *avoid:* vītāvī
**vituperō *find fault with:* vituperāvī
vīvat! *may (he) live!*
vīvit *is alive, lives*
vōbīs *to, for you (plural)*
vocant *they are calling*
volvō *roll:* volvī
vōs: vōs *you (plural)*

Guide to Persons, Places, and Animals

Boldface number(s) in brackets refers to Chapter Number, followed by Story Number(s). For example, the entry (**VII**.37) refers to Chapter Seven, Story Thirty-Seven: **māne**.

Persons marked with two asterisks (**) are fictional. Persons and places marked with one asterisk (*) are legendary (some of them may be historical). All other persons and places are historical.

Agrippa (*full name:* Marcus Vīpsānius Agrippa) Roman general and son-in-law of Augustus; father, by Augustus' daughter Julia, of Gaius Caesar and Lucius Caesar, who, before their premature deaths, were heirs to Augustus' empire; died in 12 B.C. and was buried in Augustus' mausoleum (**XI**.57).

Alesia Alesia (modern Alise-Ste-Reine, France); site of final battle, in 52 B.C., between Caesar and Vercingetorix, the Romans and the Gaulish alliance (**X**.53).

Arausiō Town (modern Orange, France) near the Rhône river in the Roman province of Gallia Narbōnēnsis (the modern region of Provence). The Roman theater at Orange, built in the first century A.D., has preserved its stage set (*scaenae frōns*) to full height, and is still used for theatrical performances (**IX**.46).

Augustus (*full name:* Gāius Iūlius Caesar Octāviānus Augustus) First Emperor of Rome, 29 B.C.–A.D. 14 (**XII**.61).

Caesar (*full name:* Gāius Iūlius Caesar) Roman general and governor, in 58–49 B.C., of the province then called Transalpine Gaul (modern France) (**X**.53, **XII**.61).

Carisius (*full name:* Publius Carisius) Roman general, founder of Emerita Augusta in 25 B.C. (**XI**.57).

Celtillus Adult slave of Rubrius (VIII**.40, **XII**.58 and 62).

Cernunnus Slave-son of Celtillus; born in Rubrius' household; traveled with Rubrius' family to Lugdunum; ran away to freedom in Alesia (VIII**.40, 42–3, **IX**.46, 48, **X**.49–51, 53, **XI**.54, **XII**.62).

Commius Free-born Gaulish farmer; kept an apple orchard near Alesia (X**.53, **XI**.54).

Corsica Mountainous island in the Mediterranean, west of Italy; the southern Corsican harbor of Bonifacio may have been the model for the Laestrygonians' harbor, bordered by cliffs, which Homer described in the **Odyssey**, Book 10; Corsica is now a département of France (**VIII**.43).

Ēmerita Augusta Modern Mérida, Spain, capital of Lusitania, the most western part of Spain (**XI**.55–7, **XII**.58–61).

Gādēs Ancient city-port (modern Cádiz) in southwestern Hispania (**XI**.55, **XII**.61).

Gāius Younger son of Rubrius and Iunia; with slave-friend and companion, Cernunnus, accompanied procurator father Rubrius to Lugdunum (VIII**.40–3, **IX**.45, 47, **X**.49–50, 53, **XII**.62).

Gallī The Gauls, native peoples who lived in the province of the Roman Empire called Gallia (modern France) (**VIII**.42, **X**.48, 53).

Gallia Gaul (modern France and Belgium), a province of the Roman Empire which Augustus subdivided into three provinces called the Belgian, Lugdunensian, and Aquitanian Gauls. An older province, called Narbonensian Gaul (the French region of Provence), existed in the southern part of Gallia before Augustus' reign (**VIII**.39–40, **IX**.47, **X**.49–53, **XII**.62).

Gedomo Gaulish slave cook bought by Iunia and Lucilia to cook for Lucius and Lucilia in their small Lugdunensian household (X**.51).

*Herculēs Greek demigod who, after a lifetime of struggle, became fully divine on Olympus (**XI**.55).

Herculēs canis The family dog in Rubrius' household; disrupted the preparations for Lucilia's wedding (VII**.37, **VIII**.39, **XII**.62).

Hispānia The Roman name for the Spanish peninsula; divided by Augustus into three provinces: *Lūsitānia* (now Portugal and western Spain), *Baetica* (now Andalusia), and *Hispānia Tarracōnēnsis* (now northeastern Spain and Catalonia) (**XI**.55–7, **XII**.59–61).

Iūnia Wife of Rubrius; arranged the wedding, in Rome, for her foster daughter Lucilia and son Lucius; accompanied her husband to Lugdunum when he was appointed procurator by Augustus; helped Lucius and Lucilia set up their first home together in Lugdunum (VII**.35–8, **VIII**.40, 42, **IX**.44, 47, **X**.50–1, 53).

*Laestrȳgones The Laestrygonians, a tribe of giant cannibals (Homer, **Odyssey**, Book 10.80–132) who sank most of Ulysses' ships with huge rocks thrown from the cliffs bordering their harbor (at modern Bonifacio, Corsica) and then speared the survivors like fish and ate them (**VIII**.43).

Litaviccus Slave of Augustus, and Gaulish manager (*vīlicus*) of the imperial estate at Lugdunum, where Rubrius and Iunia lived while Rubrius acted as procurator for Augustus (X**.49–50).

Louernia   Gaulish slave and wife of Litaviccus; helped Iunia set up house on the imperial estate at Lugdunum (X**.49–50).

Lūcīlia   Foster daughter of Rubrius and Iunia; married to Rubrius and Iunia's natural son, Lucius, in Rubrius' home in Rome; accompanied her husband and father-in-law to Lugdunum, where she and husband Lucius lived in a small villa near that of his father, Rubrius; accompanied her husband on a mission to Lutetia to inquire about a tax-collector's failure to deliver the Parisian tribesmen's grain-levy to Rubrius (VII**.35–8, **VIII**.40–1, **IX**.44, 47, **X**.50–3, **XI**.54–7, **XII**.58–62).

Lūcius   Son of Rubrius and Iunia; married his foster sister, Lucilia, in Rubrius' home in Rome; accompanied his father, Rubrius, to Lugdunum when Rubrius was appointed procurator there by Augustus; assisted his father by going to Lutetia to have a disloyal tax-collector jailed and the Parisian tribesmen forced to deliver their grain-levy; visited, with his wife, the Roman engineer Petilius, who lived in Emerita Augusta (VII**.38, **VIII**.40–1, **IX**.44, 47, **X**.52–3, **XI**.54–57, **XII**.58–62).

Lugdūnum   Roman colony founded by L. Munatius Plancus in 43 B.C.; capital of the "Three Gauls," the three provinces of Gaul established by Augustus (see **Gallia** above); now the modern city of Lyon, France; located at the confluence of the Rhodanus and Arar (modern Rhône and Saône) rivers (**X**.49–51, **XII**.62).

Lūsitānia   Roman province in western Hispania (modern Portugal and western Spain) (see **Hispānia** above) (**XI**.55–7, **XII**.58–62).

Lutetia Parisiōrum   Modern city of Paris, France; the town was originally restricted to the island in the *Sēquanus* (Seine) river now called L'île de la Cité (**X**.52).

mare Tyrrhēnum   The Tyrrhenian Sea, between Corsica and Sardinia on the west, and Italy on the east (**VIII**.41–2).

Massilia   Port town (modern Marseille, France) in the Roman province of *Gallia Narbōnēnsis*; located near the mouth of the Rhône river; the town was originally founded by Greek colonists (**IX**.44–5).

Parisiī   The Parisian tribespeople, whose capital was called Lutetia (modern Paris, France) (**X**.52).

**Petīlius (*full name:* Publius Volconius Petīlius)   Roman hydraulic engineer credited in these stories

with the design of the Roman bridge across the Anas (modern Guadiana) river, and the Roman dam and reservoir still used in modern Mérida, in the region of Estremadura, Spain (**XI**.55–7, **XII**.59–60).

Phlegōn (*full name:* Publius Phlegōn)   Rich merchant of Greek ancestry living in Massilia; friend of, and host to, Rubrius and his family when they stopped in Massilia on their journey to Lugdunum (IX**.45).

Pontia   Wife of Petilius; after he died, she left Emerita Augusta, and returned to Rome (XII**.59–62).

Rhodanus   Rhodanus, the modern Rhône river, flowing about 505 miles from southwestern Switzerland through France to the Mediterranean sea (**IX**.47).

Roma   Rome, city of central Italy, founded in 753 B.C.; capital of the Roman Republic; later (after Augustus), of the Roman Empire. Still capital of modern Italy, Rome is one of the oldest and grandest continually inhabited cities in the world (**IX**.47, **X**.53, **XII**.58, 61–2).

Rubria   Baby daughter of Rubrius and Iunia; kidnapped briefly by bandits during the family's trip to Lugdunum (VIII**.40, **IX**.44, 46, 47, **X**.50, **XII**.62).

Rubrius   Roman businessman, with house on the Quirinal hill of Rome; member of the class of wealthy non-politicians called *equitēs*; appointed finance agent (*prōcūrātor*), by Emperor Augustus, of the Roman province called Lugdunensian Gaul; officiated at the wedding in Rome of his son and foster daughter; traveled with his family by ship to Massilia, where he visited his Greek merchant friend Phlegon; continued his journey to Lugdunum by river boat on the Rhodanus river; assumed duties of procurator (VII**.36, 38, **VIII**.40, 42–3, **IX**.45, 46, 47, **X**.49–50, **XI**.55, 57, **XII**.62).

Specla   Old slave-woman in Rubrius' household; born in Hispania; nurse to baby Rubria (VIII**.40, **IX**.44, **X**.50, **XII**.62).

*Ulixēs   Ulysses, wandering Greek hero; spent 10 years traveling home after the Trojan War; lost several ships and many sailors at Corsica to the giant cannibals called the Laestrygonians (**VIII**.43).

Vercingetorix   Famous chieftain of a Gaulish tribal alliance in 52 B.C.; defeated by Caesar and later executed; much heroized by slaveboy Cernunnus (**IX**.46, 47, **X**.48–9, 53).

Guide to Word Patterns

Boldface numbers refer to Chapter Number, followed by the Story Number after which the Pattern is described. For example, the entry (**VII**.36) refers to Chapter Seven, Story Thirty-Six: **nox**.

The boldface letter **C** refers to the Complete Word Patterns (pp. 83–6), followed by the Section Number. So, for example, the entry (**C**.3) refers to the Complete Word Patterns, Section 3 (**Irregular Verbs**).

-ae, -ō, -ī noun endings (dative singular) **IX**.46; **C**.1

cardinal numerals **C**.5

ea personal and demonstrative pronoun (feminine) **C**.4

ego personal pronoun **C**.4

haec demonstrative pronoun (feminine) **C**.4

hic demonstrative pronoun (masculine) **C**.4

hoc demonstrative pronoun (neuter) **C**.4

-ī perfect tense verb ending (1st person singular) **XI**.58; **C**.2 and 3

id personal and demonstrative pronoun (neuter) **C**.4

illa demonstrative pronoun (feminine) **C**.4

ille demonstrative pronoun (masculine) **C**.4

-imus perfect tense verb ending (1st person plural) **XII**.60; **C**.2 and 3

-ior, -or comparative-adjective ending with **quam** **X**.52

is personal and demonstrative pronoun (masculine) **C**.4

-īs, -ibus noun endings (dative plural) **IX**.45; **C**.1

-istī perfect tense verb ending (2nd person singular) **XI**.58; **C**.2 and 3

-istis perfect tense verb ending (2nd person plural) **XII**.60; **C**.2 and 3

-m imperfect tense verb ending (1st person singular) **XI**.56; **C**.2 and 3

-mus imperfect tense verb ending (1st person plural) **XII**.60; **C**.2 and 3

-mus present tense verb ending (1st person plural) **X**.50; **C**.2 and 3

-ne suffix, questions flagged with **X**.51

nōs personal pronoun **C**.4

ordinal numerals **C**.6

-s imperfect tense verb ending (2nd person singular) **XI**.56; **C**.2 and 3

-s noun ending (accusative plural) **VIII**.41; **C**.1

simulāc with subordinate clause (conjunction) **X**.52

-tis imperfect tense verb ending (2nd person plural) **XII**.60; **C**.2 and 3

-tis present tense verb ending (2nd person plural) **X**.50; **C**.2 and 3

tū personal pronoun **C**.4

ubi with subordinate clause (conjunction) **VII**.38

vōs personal pronoun **C**.4

Complete Word Patterns

Forms in boldface have been presented for study in both Books I and II. For further details, see *A Student's Latin Grammar* (Cambridge University Press, 1992).

▮1 Nouns

	first declension	*second declension*	*third declension*		*fifth declension*
SINGULAR	*"woods"*	*"slave"*	*"procurator"*	*"legion"*	*"thing"*
nominative	**silva**	**servus**	**prōcūrātor**	**legiō**	**rēs**
vocative	**silva**	**serve**	**prōcūrātor**	**legiō**	**rēs**
genitive	silvae	servī	prōcūrātōris	legiōnis	reī
dative	**silvae**	**servō**	**prōcūrātōrī**	**legiōnī**	reī
accusative	**silvam**	**servum**	**prōcūrātōrem**	**legiōnem**	rem
ablative	silvā	servō	prōcūrātōre	legiōne	rē
PLURAL					
nominative	**silvae**	**servī**	**prōcūrātōrēs**	**legiōnēs**	rēs
vocative	**silvae**	**servī**	**prōcūrātōrēs**	**legiōnēs**	rēs
genitive	silvārum	servōrum	prōcūrātōrum	legiōnum	rērum
dative	**silvīs**	**servīs**	**prōcūrātōribus**	**legiōnibus**	rēbus
accusative	**silvās**	**servōs**	**prōcūrātōrēs**	**legiōnēs**	rēs
ablative	silvīs	servīs	prōcūrātōribus	legiōnibus	rēbus

▮2 Regular Verbs

	first conjugation	*second conjugation*	*third conjugation*	*third conjugation "-iō"*	*fourth conjugation*
PRESENT TENSE	*"carry"*	*"have"*	*"turn"*	*"take"*	*"hear"*
I carry	**portō**	**habeō**	vertō	capiō	**audiō**
you (sg.) carry	**portās**	**habēs**	vertis	capis	**audīs**
s/he, it carries	**portat**	**habet**	vertit	capit	**audit**
we carry	**portāmus**	**habēmus**	vertimus	capimus	**audīmus**
you (pl.) carry	**portātis**	**habētis**	vertitis	capitis	**audītis**
they carry	**portant**	**habent**	vertunt	capiunt	**audiunt**
carry (sg.)!	**portā!**	**habē!**	verte!	cape!	**audī!**
carry (pl.)!	**portāte!**	**habēte!**	vertite!	capite!	**audīte!**

IMPERFECT TENSE

I was carrying	portābam	habēbam	vertēbam	capiēbam	audiēbam
you (sg.) were carrying	portābas	habēbās	vertēbās	capiēbās	audiēbās
s/he, it was carrying	portābat	habēbat	vertēbat	capiēbat	audiēbat
we were carrying	portābāmus	habēbāmus	vertēbāmus	capiēbāmus	audiēbāmus
you (pl.) were carrying	portābātis	habēbātis	vertēbātis	capiēbātis	audiēbātis
they were carrying	portābant	habēbant	vertēbant	capiēbant	audiēbant

PERFECT TENSE

I carried	portāvī	habuī	vertī	cēpī	audīvī
you (sg.) carried	portāvistī	habuistī	vertistī	cēpistī	audīvistī
s/he, it carried	portāvit	habuit	vertit	cēpit	audīvit
we carried	portāvimus	habuimus	vertimus	cēpimus	audīvimus
you (pl.) carried	portāvistis	habuistis	vertistis	cēpistis	audīvistis
they carried	portāvērunt	habuērunt	vertērunt	cēpērunt	audīvērunt

3 Irregular Verbs

PRESENT TENSE

	"be"	*"go"*	*"bring"*
I am	sum	eō	ferō
you (sg.) are	es	īs	fers
s/he, it is	est	it	fert
we are	sumus	īmus	ferimus
you (pl.) are	estis	ītis	fertis
they are	sunt	eunt	ferunt

IMPERFECT TENSE

I was	eram	ībam	ferēbam
you (sg.) were	erās	ībās	ferēbās
s/he, it was	erat	ībat	ferēbat
we were	erāmus	ībāmus	ferēbāmus
you (pl.) were	erātis	ībātis	ferēbātis
they were	erant	ībant	ferēbant

PERFECT TENSE

I was	fuī	iī	tulī
you (sg.) were	fuistī	iistī	tulistī
s/he, it was	fuit	iit	tulit
we were	fuimus	iimus	tulimus
you (pl.) were	fuistis	iistis	tulistis
they were	fuērunt	iērunt	tulērunt

4 Pronouns

ego, tū, nōs, and **vōs** (*I, you (sg.), we, you* (pl.))

	SINGULAR		PLURAL	
nominative	**ego**	**tū**	**nōs**	**vōs**
genitive	meī	tuī	nostrum/nostrī	vestrum/vestrī
dative	**mihi**	tibi	**nōbīs**	**vōbīs**
accusative	**mē**	**tē**	**nōs**	**vōs**
ablative	mē	tē	nōbīs	vōbīs

hic (*this, these*, etc.; also used with the meanings "he," "she," "it," "they," etc.)

	SINGULAR			PLURAL		
	masculine	*feminine*	*neuter*	*masculine*	*feminine*	*neuter*
nominative	**hic**	**haec**	**hoc**	**hī**	**hae**	**haec**
genitive	huius	huius	huius	hōrum	hārum	hōrum
dative	huic	huic	huic	hīs	hīs	hīs
accusative	**hunc**	**hanc**	**hoc**	**hōs**	**hās**	**haec**
ablative	hōc	hāc	hōc	hīs	hīs	hīs

ille (*that, those*, etc.; also used with the meanings "he," "she," "it," "they," etc.)

	SINGULAR			PLURAL		
	masculine	*feminine*	*neuter*	*masculine*	*feminine*	*neuter*
nominative	**ille**	**illa**	**illud**	**illī**	**illae**	**illa**
genitive	illīus	illīus	illīus	illōrum	illārum	illōrum
dative	illī	illī	illī	illīs	illīs	illīs
accusative	**illum**	**illam**	**illud**	**illōs**	**illās**	**illa**
ablative	illō	illā	illō	illīs	illīs	illīs

is (*he, she, it*, etc.; also used with the meanings "that," "those," etc.)

	SINGULAR			PLURAL		
	masculine	*feminine*	*neuter*	*masculine*	*feminine*	*neuter*
nominative	**is**	**ea**	**id**	**eī**	**eae**	**ea**
genitive	eius	eius	eius	eōrum	eārum	eōrum
dative	**eī**	**eī**	**eī**	**eīs**	**eīs**	**eīs**
accusative	**eum**	**eam**	**id**	**eōs**	**eās**	**ea**
ablative	eō	eā	eō	eīs	eīs	eīs

5 Cardinal Numerals

I	ūnus
II	**duo**
III	**trēs**
IV	quattuor
V	**quīnque**
VI	sex
VII	septem
VIII	octō
IX	novem
X	decem

6 Ordinal Numerals

prīmus	*first*
secundus	*second*
tertius	*third*
quārtus	*fourth*
quīntus	*fifth*
sextus	*sixth*
septimus	*seventh*
octāvus	*eighth*
nōnus	*ninth*
decimus	*tenth*